關鍵字閱讀術

Key word Reading

作者：村上悠子 Yuko Murakami
譯者：劉宸瑀

晨星出版

前言

為何就算閱讀同一本書，有人「拿得到」想要的資訊，有的人卻「拿不到」？

至今爲止，你是否曾有過以下經驗？

- 書讀完了也毫不記得那本書的內容。
- 在家裡書架上看到一本書，但完全想不起來書上寫什麼。
- 書讀到一半，才發現那本書早就讀過了。
- 被問到「最近讀了什麼書」或「推薦閱讀什麼書」時，腦中一片空白。

會拿起本書閱讀的各位，可能都至少有過一次上述的經歷吧？這難道不是「讀書時常有的事」嗎？不過在忙碌的生活中抽出珍貴的時間閱讀，卻全然無法從中獲取新知，實在很可惜。

爲什麼會發生這種事？

「因爲理解能力不夠？」、「因爲記憶力太差？」這些都不是正確答案。

容我開門見山地說，讀了書卻無法從中汲取資訊的原因，在於**「閱讀前沒有設定好關鍵字」**。

各位平常想查找某些資訊時，應該都會用Google搜尋吧？這種行爲俗稱「Google一下」，意即藉由在搜尋欄內輸入關鍵字來取得自己所需的資訊。不去輸入關鍵字，搜尋頁面自然不會顯示任何訊息。

打開Google頁面的那一瞬間，突然忘了自己想查什麼……這種事是不是偶爾會發生一兩次呢？

我就經常這樣搞砸我的搜尋，每次都很努力回憶自己到底想知道些什麼，在意得不得了卻又無可奈何；可是不知道關鍵字，便無法找到相對應的資料。

也就是說，在現代社會中，**「獲取資訊」與「輸入關鍵字」總是息息相關**。

若把這個結論套用在閱讀上，各位不覺得在讀書前設定「關鍵字」，並帶著這種「像在搜尋資料的感覺」來閱讀內文，就能掌握想要的訊息嗎？

透過設定好的關鍵字，百無遺漏地尋得報導的世界

嗯，我多少能猜到各位想說什麼——你可能會產生疑惑，不懂我爲什麼會這麼執著在關鍵字上。要解釋個中緣由，得先讓我在這邊簡單地自我介紹。

我是一名30多歲的上班族，目前從事「剪報」工作。**剪報是一種「從報章雜誌中找出客戶所需文章」的工作**。

舉個例子，假設你超喜歡上野動物園的大貓熊「香香」，只要看著牠吃竹葉或

爬樹玩耍的模樣就感覺很療癒。因此你打算蒐集跟香香有關的報導，就像粉絲做自己偶像的資料剪報一樣。

不過這樣一來，每天都要在瀏覽報紙、查找報導並剪取蒐藏的過程中，花費不少的時間與精力，而且還根本沒有人知道報紙上是否一定會刊登香香的報導。此時如果有人提供一種服務，讓你即使什麼都不做，也有專人把貓熊香香的相關報導送到府上的話，是不是感覺很方便？

「貓熊香香首次體驗玩雪！積雪令牠倍感好奇」

「貓熊香香邁向完全獨立！將展開與母親分居的最終訓練」

「貓熊香香順利長大！人工代奶離乳畢業倒數計時」

類似這樣蒐集全世界報章雜誌上登載的所有貓熊香香文章，並整理起來交到你的手上，這就是「剪報」工作。這樣各位應該稍微有點概念了吧？

如果說，爲某人挑選適合的「服裝」是個人專屬造型師的工作，那麼爲某人揀選需要的「報導」就是剪報的職責。或許換個方式，稱其爲「代客蒐集資訊的工作」會更好懂一點。**我從事這份工作已逾14年，是一名「專業調查員」（即「處理剪報業務之人」）**。

若用一句話來形容調查員的一天，那就是「整日狂讀報章雜誌」。調查員每天從早到晚都沉溺在鉛字的海洋裡，同時拚了命地去找被委派搜索的文章。工作的對象不是「人類」，而是「文字」。有一部石原聰美主演的日劇叫做《校對女王》，我認爲我們的工作環境跟劇裡校對部門的辦公室氛圍有點像，樸實又極其安靜。

迄今爲止，我提供給客戶的報導數量**總計已超過20萬篇**，從中獲得了相應的薪酬。對我來說，獲取資訊是一種生存手段。這些資訊不僅僅是「希望能得到」（want to），而是「必須要拿到」（have to）的東西。

正因關鍵字存在，人們才會努力尋找並獲取資訊

剪報公司會根據客戶想要的資訊設定「關鍵字」，並以此爲標準承接訂單。公司會先❶詢問客戶希望蒐集什麼樣的報導，❷制定適合的關鍵字，❸再讓調查員找出含有該關鍵字的文章。

正因「關鍵字存在其中」，人們才會去努力把它找出來；也正因「關鍵字存在其中」，我們才有辦法獲得資訊。

有些東西並不是只要我們視力可及，就代表它們都有進入我們的視線範圍內。比方說，如果現在問你「離你家最近的❶牙醫、❷郵筒、❸公共電話在哪裡」，你能馬上回答得出來嗎？

這些事物明明一直掠過眼前，照理來講應該會注意到才對，但不在乎的時候就會看不見。我們只有蛀牙時才會去找「牙醫」，該寄新年賀卡的時節來臨時才會想到「郵筒」，手機故障的當下才會看見「公共電話」。

當你在腦海中設定好這些東西的關鍵字，並有意識地去看它們時，你才會開始注意到「原來它們在這裡」。

在腦科學的世界，這種機制似乎被稱爲**「大腦的焦點化」**。

若將這項「大腦的焦點化」原理應用在閱讀上，就能理解爲何很多人直到現在仍無法從書中掌握資訊了。

眼前這本書裡頭一定有你想取得的資訊，而且你也確實讀過（瀏覽過）包含該資訊的段落，可是你卻對那個句子視而不見，爲什麼呢？因爲你的腦中「沒有設定好關鍵字」。

人只能看見自己決定要看的東西。

因此，在閱讀一本書之前，一定要先決定好自己想讀的內容和「關鍵字」是什麼。**掌握關鍵字的人才能掌握閱讀**。若借用淘兒音樂城（Tower Records）的宣傳口號來說，就是「NO KEYWORD, NO READING」。

一手掌握想要的資訊，過目不忘的「關鍵字閱讀術」大公開

有無訂定關鍵字將大幅改變閱讀獲得的資訊量，這點我想各位皆已瞭然於心。不過無論是設定關鍵字，還是透過關鍵字準確挑出自己想知道的訊息，在這之中有不少需注意的重點與技巧。

在這本書裡，我會告訴大家「活用關鍵字以確保不遺漏所需資訊的閱讀術」，並將多年來自剪報工作中培育出來的竅門傾囊相授。

首先，本書**第1章**會談到爲什麼很多人至今仍無法掌握想要的資訊，並將其原因分成「外在因素」（因環境所致）及「內在因素」（因自身所致）予以詳細解說。**第2章**則以「訂定關鍵字的方法」爲題，說明找出「專屬關鍵字」的技巧，以及什麼是「好的關鍵字」。這些內容亦有助於各位「了解自己」或「挖掘自己的潛能」。

第3章是「含有預設關鍵字的書籍挑選法」。本章會爲各位講解如何挑選出一本內含我們所需資訊的書籍，避免各位浪費時間與金錢讀錯誤的書。

第4章談論的是「更新關鍵字的方法」。閱讀的當下若發現自己設定好的關鍵字並未出現，或是讀到一半看到了更在意的關鍵字，此時該如何是好？這一章將搭配具體案例闡述其應對良方。

第5章要帶大家「藉由閱讀吸收更多資訊」，爲此將介紹5個「主題」，建議可事先在腦中把這些主題與關鍵字一起設定好。盡情架設主題和關鍵字兩種天線，以便透過這些遍布的天線獲取更多資訊。

最後的**第6章**則會說明輸出的手段——在Instagram上寫閱讀紀錄的優點、內文的寫法、主題標籤的編寫方式，以及促使更多人看見貼文的高級技巧。

我自己就有在Instagram上經營一個「閱讀紀錄專用帳」（@no_name_booklover）。該帳號也許因爲發文頻率很高而受到世人關注，多虧如此，才有很多家出版社的官方帳號追蹤它。這邊我將毫無保留地分享自己的經驗談，像是我在與粉絲互動的過程中學到的東西，還有我發文提及的書籍，其作者或出版社（發行商）曾有過什麼樣的反饋等等。

即使讀了同一本書，對於那些想從書中汲取的資訊，也有「能掌握的人」和「無法掌握的人」。容我再重申一遍，兩者之間唯一的差別在於**「是否在開始閱讀前訂好關鍵字」**。

閱讀這件事其實在還沒讀之前就產生了巨大差距，並非皆從第一頁齊步並進。明明書中滿是金句良言，卻因為「事前準備」不足而無法理解個中眞意，那眞的太浪費了！

只要讀了這本書，你也應該能經歷一場戲劇性的轉變，從「無法獲取資訊的人」一躍成爲「能取得資訊的人」。

目次

第2章

訂定關鍵字的方法

第3章

含有預設關鍵字的書籍挑選法

第4章 更新關鍵字的方法

第5章

藉由閱讀吸收更多資訊的祕訣

第6章 在Instagram留下閱讀紀錄吧！

第1章

為何至今仍掌握不了「想要的資訊」？

「剪報」與「關鍵字」

我在〈前言〉中提到自己從事「剪報」工作14年，關於這一點，請容我再詳細地說明一番。所謂的剪報，指的是從報章雜誌上找出人們需要的報導內容。而剪報公司接下訂單時，會根據客戶想要的資訊來訂定「關鍵字」。

目前委託我們公司彙整的關鍵字多達1500個！

在〈前言〉裡我們曾以「貓熊香香」當例子，也就是說類似這樣的關鍵字共有1500個，而且其內容還橫跨商業、醫療、食品、化妝品、運動及音樂等多方領域。

舉例來說，假設我們走在澀谷的十字路口，此時往來行人的「眼鏡」、「帽子」、「外套」、「鞋子」和「包包」，你最多能同時注意到幾樣呢？有的人回答「只能注意到眼鏡」，但或許也有強者會認為「才5樣而已，當然全都沒問題」。

你

・眼前所見→十字路口的往來行人
・腦內關鍵字→眼鏡、帽子、外套、鞋子、包包
・可同時注意到的數量愈多就愈好

專業調查

・眼前所見→報章雜誌
・腦內關鍵字→客戶委託的1500個關鍵字
・必須同時檢視所有關鍵字

在剪報工作上，專業調查員被賦予的任務便是透過「肉眼」的方式，鉅細靡遺地找出與１５００個客戶委託關鍵字相關的報導。

「這是人類能夠做得到的事嗎？」各位可能會這麼想。當然，一開始任誰都做不到的！

「調查員」本來就不是什麼「身懷絕技的人」。我們之中沒有一個人是從東京大學或哈佛大學這些超級名門畢業的，甚至還有很多人是抱持著「不想做必須跟人打交道的工作」這種有點消極的動機入職，有的人錄取進公司的當下連自己的工作內容都不太清楚。

面對這樣一個能力極為普通的新人，如果直接把報紙遞給他，並要求他「從現在開始讀完並做出剪報」，會有什麼結果呢？

嗯，想必會遺漏關鍵資訊到令人驚訝的地步吧。明明擔當負責蒐集資訊的工作，卻完全掌握不了資訊，這樣實在一點都派不上用場。

「能取得資訊的人」與「無法獲取資訊的人」有何不同？

讀完同一份報紙後，能敏銳挑出「貓熊香香」報導的老鳥調查員，以及找不到報導的菜鳥調查員，這兩者究竟有何區別？就讓我們一窺他們的思路吧。

菜鳥

・什麼都沒考慮，只是亂讀一通，完全沒注意到貓熊香香的報導。
（＝漫無目的地散步閒晃）

老鳥

・從一開始就帶著「一定要找到貓熊香香的報導！」這樣強烈的意念

閱讀，導致關鍵字自然而然躍入眼簾。
（＝以堅定的步伐朝目的地邁進）

也就是說，老鳥調查員會做兩件事：**❶在開始閱讀之前先在腦中設好關鍵字，❷以該關鍵字為目標來閱讀文章**。

事先決定好要讀的資訊，就等於是架設了天線，讓目標資訊自動被吸引過來，而且這根天線的靈敏度還相當高。就像在日本當手機收訊良好時會顯示滿格的３格天線圖示一樣，此時老鳥調查員的大腦對「貓熊香香」這個關鍵字的收訊是「３格滿格」（也就是「收訊極佳」的意思）。

另一邊的菜鳥調查員則是毫無訊號，甚至連天線都沒有安裝。畢竟要在一兩天內把１５００個關鍵字全數記熟是不可能的任務，這也是沒辦法的事。不管是誰，都是從「無訊號」起步的。當菜鳥在實習期間無數次因爲漏看報導而被指摘，對此懊悔不已之後，他的訊號也會1格、2格地上升，漸漸地，能找到的關鍵字也會有所增加。

如此這般，菜鳥才會慢慢成長為一名能夠掌握資訊的人。

女子高爾夫運動有一位很厲害的中國選手名為馮珊珊（曾於里約奧運奪得銅牌），有時我們會因為天線太過靈敏而把「馮珊珊奪得冠軍」的新聞錯看為「貓熊香香奪得冠軍」；又或是眼花把大阪新世界的「鏘鏘巷」看成「香香巷」[1]……不過只要把天線強化到這種程度，就不會漏掉任何包含該關鍵字的報導了。

雖說多少會有些個體差距，但新人入職3個月後，泰半都能達到這個水準——面對1500個關鍵字，每一個關鍵字的天線都是「滿格」。事實上，專業

1 譯註：「珊珊」的日文片假名寫法與「香香」完全相同，而「鏘鏘」的寫法則與「香香」極為相似。

調查員漏看的機率低於0.01%，可說是「幾乎不會遺漏任何資訊」。

2017年爆紅的音樂劇電影《樂來越愛你》，其男主角雷恩．葛斯林（Ryan Gosling）用3個月就練成了令專業鋼琴家叫好的演奏技巧。同理可證，**人類即使是起初認定完全不可能做到的事，只要經過3個月的魔鬼訓練就有辦法達成。**關鍵在於「熟能生巧」。

剪報工作並不具備什麼特殊的技術，任何人都可以做到。當然，你也一樣！

練習心懷關鍵字以捕捉想掌握的訊息

只要對「關鍵字」有強烈的認知，就可以捕捉到自己想要的資訊。為了讓各位更能確實理解這一點，我在這裡舉一個「虛擬案例」來說明。

我的名字是「村上悠子」，因此就假設這個案例是我與作家「村上春樹」先生對談，並將這段談話內容出版成一本《村上座談會》吧。聽寫對談內容時，由於雙方姓氏相同，所以對話前面應該會以「春樹」及「悠子」來區分（※以下所有內容均為虛構）。

悠子：「今天眞的很高興能有機會與您對談。」

春樹：「我也一樣，很高興認識您！」

假如村上春樹的粉絲（以下稱為「村上迷」）買了這本書，想必其目的是要閱讀「春樹」所說的話，這就是他「想要的資訊」。同時這名村上迷對「悠子」是一點興趣都沒有。如此一來，上面那段對話他讀起來應該是這種感覺：

悠子：「今天眞的很高興能有機會與您對談。」

春樹：「我也一樣，很高興認識您！」

明明實際上書裡的這段文字並未更改粗細變化，但在村上迷眼中卻只有「春樹」的發言被標上粗體突顯出來，爲什麼會有這樣的差異呢？正是因爲他腦海裡已經設定好了「村上春樹」這個關鍵字，所以才會無意識地在瀏覽文字時搜尋了「春樹」一詞。於是即使忽略了他內心覺得無所謂的「悠子」言論，村上迷也依舊能確切找到「春樹」所說的話。

接著，我們假設在這次談話當中，作家「村上龍」也參與了進來。

龍：「大家好，我是村上龍。」

春樹：「阿龍，好久不見。」

悠子：「很高興認識您。我每個禮拜都會固定收看《寒武紀宮殿》喔。」（※《寒武紀宮殿》是村上龍在東京電視台主持的經濟類節目）

龍：「謝謝，我很高興。」

春樹：「我也常常看呢。」

龍：「眞的嗎？」

春樹：「真的，你跟小池榮子小姐的搭檔很不錯。」

對話以這種三方會談的方式進行下去。儘管「3名村上」的談話混雜交錯，村上迷也只會挑出「春樹」的發言繼續往下讀。

接下來，我們再試著在談話中加入兩位特邀嘉賓——諧星「村上昭二」，以及職業滑冰選手「村上佳菜子」。

悠子：「請問各位喜歡的食物是什麼呢？」

春樹：「果然我的首選還是炸牡蠣。」

龍：「應該是魚，我還滿喜歡日式料理的。」

昭二：「我喜歡任何有醬油味的料理。醬有就讚啦！」

佳菜子：「我愛吃刨冰，一天不吃就不痛快，還常常邊走邊吃。話說大家平常都有什麼嗜好呀？」

春樹：「我的話是慢跑吧。每天大概會跑1小時左右，所以我才下定決心一天只活23個小時。」

悠子：「我也有在跑馬拉松！跑步真的讓人很愉快呢。」

昭二：「我的嗜好是水墨畫，以前還在京都的誓願寺開過個人畫展喔。」

龍：「我都不知道你開了畫展……我倒是沒有特別喜好什麼，畢竟我甚至出過一本書叫《無嗜勸誡》（暫譯，原書名《無趣味のすすめ》）[2]呢。」

現在總共有5名村上在講話，不過對村上迷來說只是徒增了更多他沒興趣的資訊，該做的事依然沒有變——專心挑出有關鍵字「春樹」一詞的對話即可。

最後村上迷的大腦裡只留下了春樹的個人資料，也就是「有看的電視節目是《寒武紀宮殿》」、「喜歡的食物是炸牡蠣」，還有「嗜好是慢跑」。這就是**「從書中擷取所需資訊」**、**「自己主動搜尋目標資訊」**的意思。

隨後村上迷受到這本談話集的啓發，心想「以後每個星期都來看《寒武紀宮殿》吧」、「晚餐就吃炸牡蠣」或是「明天早上早點起來去跑步」等，漸漸改變了自己的生活習慣跟行為模式。只要能建立這樣的循環，閱讀就眞的變得既有意義又有樂趣了。

能捕捉到所需資訊的唯一原因

另一方面，假如這裡有一個對小說、搞笑哏跟滑冰都毫無興趣的人，來到一間人聲鼎沸的醫院看病，並偶然拿起候診區書架上的《村上座談會》來讀……待他讀完這本書後向他提問，可能會出現這樣的對話：「村上春樹都看什麼電視節目？」

2　譯註：本書提及之書籍，若已有中文版則直接採用其中文書名，惟引用或摘錄內容仍由本書譯者翻譯；若未有中文版，則直譯日文書名並加上「暫譯」二字。

「啊？書裡有寫這件事嗎……」「那他喜歡吃的食物呢？」「呃，不知道……」「不然說說他的嗜好？」「我不清楚……」

由於這個人並不熟悉書中登場的人物，又在腦中還未設定好關鍵字的狀態下開始閱讀，他的大腦天線才會什麼訊號都捕捉不到。因此，好不容易把整本書讀完，卻完全不記得裡面的內容。

這便是所謂的**「讀書亂讀一通」**、**「光只是閱讀就感到滿足」**。說不定各位也曾切身經驗過類似的事。

……雖然現在講得好像很厲害，但其實我過去也完全掌握不了書中的資訊。

・書讀完了也毫不記得那本書的內容。
・在家裡書架上看到一本書，但完全想不起來書上寫什麼。
・書讀到一半，發現那本書早就讀過了。

・被問到「最近讀了什麼書」或「推薦閱讀什麼書」時，腦中一片空白。

我在〈前言〉中開篇就列出了這幾種情況，說來慚愧，在成爲調查員之前，這4種狀況我全都符合。

證據就是，我幾乎不太記得自己學生時期讀過的書寫了什麼。我記得在課堂上得知必須要有「某本書」，也記得自己在附近的書店買了這本書；或是在寫報告的時候，到學校圖書館借了「某書」來當參考文獻。然而令人悲傷的是，最重要的書名和內容竟不曾在我腦海裡留下一絲痕跡。

不過我發現，如果是出社會後才閱讀的那3500本書，我則是漸入佳境地掌握了書中那些符合我所需主題的資訊、觸動我心弦的名言佳句。這些資料全部都記錄在我的大腦裡，摘錄的文章合計超過3萬篇。

從「無法獲取資訊的人」搖身一變成爲「能取得資訊的人」——發生這種變化的原因，就在於我的日常工作令我逐漸身體力行地明白什麼叫「事先意識到關鍵字再開始閱讀，就能捕捉到想要的資訊」。雖然工作上我讀的一直都是報紙和雜誌，但從「閱讀鉛字」的層面來看，書籍也是相同的道理。

因此，**閱讀就要像做剪報一樣，在腦中設定好自己想知道的關鍵字，然後一邊搜尋關鍵字一邊閱讀**。很多演員會說他們「連在私底下都會受到角色的影響」，不過調查員的習性感染了私下的閱讀模式這件事，卻爲我帶來了相當不錯的成效。

適合以及不適合速讀、略讀的書

最近市面有許多以「速讀」或「略讀」爲題的閱讀技巧專書。當然，能迅速讀完一本書是再好不過的情況，我也非常懂那種「喜歡書，所以想多讀幾本」的心情。

可是，**商管書是一種爲了改變自身「不足之處」或「做得不好的地方」而讀的**

書籍。簡單來說，就是抱持著「我要從 A 變成 B」的意念去讀的東西。因此不管讀完該書的速度有多快，讀過的書有多少，只要自己仍是「A」而沒有改變，一切就都沒有意義。

別太過沉迷在閱讀的「技巧」中，反而忽視了閱讀的「本質」。人類是一種渴望成長的生物，所以好不容易讀完一本書，自然會想藉此成為「B」。

打個比方，即使花30分鐘讀完一本減重指南，但沒有瘦下來就沒有意義；同樣地，就算讀了10本關於睡眠的書，如果一直都睡不好也沒有任何意義。

倘若是一本名為《瘦不了的女人與睡不著的男人》的言情小說，那速讀也沒什麼關係。譬如書中再怎麼節食也沒有瘦下分毫的女主角有一個「失眠」的男友，當他們兩人半夜結伴散步時，她竟在 1 小時內瘦了 3 公斤——嗯，若是這麼簡單就能瘦下來，她也不會那麼辛苦吧……總之小說這種體裁是愈快讀完愈好。耗費 2 天時間才能讀完 1 本小說的人，與 2 個小時就能讀完的人比起來，肯定是後者更有優勢。

讀小說時，我們的情緒會順著故事的發展而上下起伏，也會在角色身上代入自身情感，小說可以讓我們純粹地享受閱讀的樂趣。**我們讀小說的目的是「隨著文字起舞」（消費），讀商管書的目的則是「從中獲取知識」（投資）**。儘管會花更多的時間去讀商管書，但能從書裡獲得可以改變自己的知識，並最終得以從「A」轉變爲「B」，這才是最重要的。

假如在讀過減重或幫助睡眠的書之前（Before）是「軟綿綿的肚子」和「三更半夜仍然炯炯有神的雙眼」，那讀完以後（After）就該變成「緊實平坦的小腹」與「一過晚上10點就惺忪朦朧的睡眼」才行。各位讀者也一樣，在你讀完這本書之際，也得要從「無法獲取資訊的人」華麗變身爲「能取得資訊的人」才是。

無法獲取資訊的兩大原因——外在因素與內在因素

那麼，明明「取得所需資訊」比速讀和略讀更重要，為什麼我們至今為止都做不到呢？其原因有二，分為「外在因素」（因環境所致）與「內在因素」（因自身所致），接下來將針對這兩點詳細說明。

資訊爆量時代的外在刺激過多，令人無法專注閱讀——無法獲取資訊的外在因素❶

舉個例子，假設你在寒冷的冬日去超市買「牛奶」和「優格」，入口處的銷售人員遞給你一個暖呼呼的「烤番薯」，並說：「歡迎試吃！」結果對方的這個舉動讓你滿腦子都是「烤番薯」，原本一心想買的「牛奶」跟「優格」都飛到九霄雲外去了。各位有過類似的經驗嗎？

▼腦中關鍵字＝「牛奶／優格」↓「烤番薯」

又或者，在寫工作郵件時明明想寫的是「您辛苦了」，卻剛好聽見吃完午餐回座的同事搭話說「您看看我又多喝了一杯」，結果把「您辛苦」寫成「您看看」……

▼腦中關鍵字＝「您辛苦」↓「您看看」

換句話說，我想表達的是**人類「有多容易受到闖入眼前或耳中的訊息影響」**。

我們並不是因為自己想要分心才分心的，雖然打算好好去做自己決定要做的事，但外在的刺激太強，導致我們一不小心就轉移了注意力。生於現代社會的我們，做不到「定點觀測」的專心致志。

書有時會「在外面讀」，有時會「在家裡讀」。不管在哪，「想專心讀這一本書」的心情都是非常強烈的，只是世上有很多的「刺激」在等著去阻止你閱讀。

在咖啡廳讀書時，最常見的干擾是「不自覺豎起耳朵聽別人的對話」。不曉得各位是不是也有同感呢？這其實也滿有趣的，算是一種意料之外的人生學習，不過在想集中心力閱讀時還是得多加節制。

除此之外，有時也會被旁人啪嗒敲著筆電鍵盤的聲音吵到心煩，或是因爲鄰桌的人抖腳抖得很厲害而瞪了一下對方的腳，結果視線回到書本上時卻發現忘了剛剛讀到哪裡。跟其他人待在同一個空間這件事，會令我們不由得去在意對方的言行舉止。

既然如此，「那我在家讀書不就好了？」各位也許會這麼想，但這個選擇是另一種截然不同的「刺激」大遊行，例如家人的說話聲、電視聲、手機提示通知的聲音。還有電鍋煮好飯的聲音、洗衣機洗好衣服的聲音、加濕器沒水的聲音等，各式各樣的「提示音效」接踵而來。

儘管人們都認同工作上的「報聯商」（報告、聯絡、商量）很重要，可是如果家電接二連三地報告「做好了」、「結束了」、「沒有了」，那讀書也會讀得心神不寧吧。要是室內對講機響起，對方說「您的快遞到了」，我們自然不得不把書放下去拿包裹。

只不過是簡單地舉幾個例子，就有這麼多犯人（即「刺激」）在阻礙各位閱讀。當這些刺激同時湧現，過去我們也許只是稍顯缺乏足夠的意志力去克服它們。

人生是一場不斷與誘惑對抗的戰鬥。**若想專心讀一本書，就要盡量摒除閱讀以外的干擾因素**。我們必須打造如同《七龍珠》漫畫中的「精神時光屋」的環境，引導自己更熱衷於閱讀。

手機在眼前就忍不住伸手玩了起來

——無法獲取資訊的外在因素❷

在前面的《村上座談會》裡，出現了「寒武紀宮殿」這個電視節目名稱。我覺得每週定時收看的人應該不會分神去想「啊，是那個節目喔」，而是直接繼續讀下去，不過第一次看到的人可能會好奇地思考「這到底是什麼樣的節目」（雜念❶），要是這個人面前就有手機的話……

我相信他肯定會放下手中讀的書，然後在Google上搜尋「寒武紀宮殿」。

然而，在了解這是「邀請經濟界人士當嘉賓的談話節目」後，就大致可以收手，但試著點進節目官網，卻在「過往節目一覽」的網頁裡發現2006年以後所有參演嘉賓的資料。於是開始在意「到目前為止都有哪些人上過這個節目」（雜念❷），所以又點開該網頁瀏覽了一番。

「原來上節目的是這些人啊！」原以為只要了解到這個程度就夠了，但這次又突然冒出了新的疑惑：「說到這個，主持人小池榮子現在幾歲了？」（雜念❸）、「我記得她好像是跟職業摔角選手結婚了？」（雜念❹）隨後又開始搜尋「小池榮子」……

就這樣順著內心所向不斷地離題、再離題，結果明明一開始只是在讀《村上座談會》而已，回過神來卻發現自己正在維基百科網站上研究小池榮子的生平。就算意識到「現在不是做這種事的時候」而急急忙忙回去看書，可腦海裡卻塞滿了「寒武紀宮殿」與「小池榮子」。然後你會心想：「所以剛剛到底是在讀什麼書？」

此外，在閱讀過程中有時也會看到「協和謬誤」或「曩昔所學」等艱澀字詞。正想著「這個字該怎麼唸？」（雜念❺）並拿起手機準備查詢的時候，瞄到新聞速報上寫著「偶像天團ARASHI（嵐）將在2020年末終止演藝活動」，於是驚訝到馬上點開那條新聞來看。如此一來，就很有可能一時半刻都無法回到書本上了。

換言之，**假如閱讀時以腦中浮現的「雜念」為優先，哪怕一次也好，只要一拿起手機，就再也控制不住自己了**。思維的離題不會僅只一次。

快遠離手機，塞住耳朵！——外在因素消除法

由於大量的資訊從周遭湧入我們的眼前與耳中，逐一覆蓋我們原本的思緒，導致我們無法專心在自己本來讀到一半的書上。若是如此，那麼**刻意「減少資訊量」**是最好的選擇。

不過，閉上眼睛就沒辦法閱讀了，這是理所當然的事。因此重點在於，**無論如何都要在閱讀時隔絕外面傳入耳中的聲音**。

具體來說，辦法有以下兩種：

❶戴上降噪耳機（它消除周遭噪音的效果令人驚訝）。

❷播放那些聽到也無所謂的聲音。

那麼，究竟怎樣的聲音才不會干擾閱讀呢？

在回答前，讓我先問各位一個小小的問題：

下面列舉的三種行爲，只有一種是「可以做沒關係」，你覺得是哪一種？

❶邊看日本電視節目上搞笑二人組 Piece 登台演出的《M-1 漫才大賽》，邊讀其成員又吉直樹的小說《火花》。

❷邊聽廣播節目《奧黛麗的 All Night NIPPON》，邊讀節目主持人若林正恭的著作《傾斜薄暮》（暫譯，原書名《ナナメの夕暮れ》）。

❸邊用音響播放 CD 專輯《蜜蜂與遠雷音樂集》，邊讀恩田睦的小說《蜜蜂與遠雷》。

正確答案是❸。

選項❶和❷是「電視配讀書」及「廣播配讀書」的組合，不過無論哪一種，**其「眼睛讀到的語言」跟「耳中聽見的語言」都是不同的內容**。因爲都是我們能夠理解的語言，一聽到就會下意識把注意力放在聲音上，使我們難以集中精神閱讀。

與此相對，❸雖是「音樂配讀書」，但播放的是古典音樂，沒有歌詞，所以不會有語言傳入我們的耳朵。因為可以專注在「眼睛讀到的語言」上，所以才沒有問題（※《蜜蜂與遠雷音樂集》是收錄書中登場角色所演奏鋼琴曲的CD。邊聽邊讀可以更有臨場感，因此反倒很推薦這麼做，請大家務必試試看）。

專注閱讀的祕訣

傳說日本聖德太子一次可以聆聽10個人說話，不過現實是，一般人就連一次要聽兩個人講話都很困難，更別提要同時聽10個人講話了。然而我們卻在讀書的時候試圖同時處理「眼睛讀到的語言」和「耳中聽見的語言」，不覺得這實在有點勉強自己了嗎？

專注閱讀的祕訣就是**「一次只專心面對一種語言輸入」**。

因為正在用眼睛閱讀，所以不可以從耳朵聽到不同的內容。閱讀時，請完全隔絕所有你聽得懂的電視、廣播聲，以及其他人的對話。播放音樂時，建議選擇沒有歌詞的古典音樂跟爵士樂，或是聽不懂歌詞含意的外語歌曲。

另外，從「專心在一種語言輸入」的角度來說，**閱讀時拿手機查資料也屬於同時處理兩種不同語言內容的範疇**。請記住，我們並不是聖德太子，同步處理資訊時，能不顧此失彼就已經是最好的結果了。

專業調查員這麼做：打造能封印雜念的環境

雖然我是一名「專業調查員」，但在工作中閱讀報紙或雜誌的當下，要說我腦中完全沒有冒出雜念是不可能的。老實說，紛雜的念頭根本滿腦子都是。

比方說，我在讀美食雜誌時，讀到一家店的介紹看起來很好吃，就會心想：「我也要去吃吃看！」、「這家店是在哪？」、「美食部落格的評論怎麼樣？」諸如此類的腦中雜念完全止不住。不過我不會就此偏離主題，因爲我工作時不能用手機。

閱讀時也一樣，不必強迫自己「不准生出雜念」，**只要用「環境的力量」來掩護意志力的薄弱即可**。

聽說戒菸的基本原則是「不要把香菸放在手邊」，因此**禁用手機的基本原則就是「不要把手機放在看得到的地方」**。畢竟一旦雙眼看到手機就會想去碰，所以在閱讀的時候請將它置於自己的視野之外。

我在外面讀書的時候，絕對不會把手機從包包裡拿出來；在家中讀書時，則是會把手機放在星巴克的咖啡豆密封罐裡完全封印起來。咖啡豆密封罐原本是用來保障「咖啡豆新鮮度」的容器，不過在此被我用來保障我的「閱讀專注力」。

好的，大家可不准在這時拿起你的手機搜尋「星巴克　密封罐」喔！如果眞的在意得不得了，請各位先在這一頁貼上索引標籤貼（或折起本頁書角）就好，等把書讀完以後再盡情查閱。因爲你現在正在閱讀，別讓自己被欲望牽著鼻子走。

不論是好是壞，人類都是一種會被環境左右的生物。因此，**為了從書中掌握自**

己「想要的資訊」，閱讀前的首要之務就是好好整頓環境。記得一次只專心面對一種語言輸入，並且別把手機放在視線範圍內。請有意識地遠離容易分心的狀態。

「煩惱」或「心願」還不夠明確——無法獲取資訊的內在因素

在2018年2月舉辦的平昌冬奧中，日本選手小平奈緒於競速滑冰女子500公尺比賽上奪得了金牌，應該有很多人都被她與她的韓國競爭對手李相花互相鼓勵聲援的模樣所感動。

日本代表隊的隊長一直苦於會在賽場上表現不佳的詛咒，而小平選手表示，她之所以敢接受隊長職務，原因在於「想（從擔任隊長的經驗中）學到點什麼，藉此想像自己未來會怎麼生活」。

我認為閱讀也是同樣的道理。

這個世界上明明有運動、電影、遊戲等滿坑滿谷的娛樂，即使如此人們還是會去閱讀，我想就是源於**「想（從書裡）學到點什麼，藉此想像自己未來會怎麼生活」**的想法吧。因為覺得讀了這本書就能「解決煩惱」或「實現心願」，所以才選擇閱讀。

當人有煩惱或心願時，還有一個辦法是「找人商量」，從周遭人等身上尋得建議，作為參考——只是有些人可能不太擅長向別人吐露自己的心聲。假使你是一個靦腆害羞的人，不願意把夢想訴諸於口，或者不好意思把自己的煩憂告訴別人，那你可能會選擇一本書作為「諮詢對象」，形成這樣的流程：

「有無法對他人訴說的煩惱或心願」→「從書中尋求解方」

→「獲得建議（＝自己取得相應資訊）」

雖說能建立這套流程是件好事，但即便如此，最後也會發現讀完書仍舊掌握不了任何資訊。各位可能會以為問題出在「沒有掌握資訊的能力」，其實不然。最大的原因是，你在閱讀之前的階段「並未明確定義煩惱或心願的內容」。

不是抱持「總之要先擴增知識，擁有自信」的想法，然後毫無計畫與限制地博覽群書；就是等到在圖書館借的書快到期時，才急急忙忙翻開來讀。**我們總是這樣，太忙著「去閱讀」，卻從未思考過「為什麼要閱讀」**。明明每天都爲公司花費多達8個小時以上的時光，卻沒有餘裕用短短幾分鐘的時間仔細考量自己的事。而後就在未曾好好「盤點」煩惱跟心願的狀態下，強迫自己開始讀書。

與其說是因為「沒設定好」關鍵字才無法獲得資訊，不如歸因於一開始就「不明白」關鍵字是什麼。簡而言之，就是閱讀時什麼也沒想。

如果跑去餐廳問：「奇怪，我想吃什麼？」廚師也不會知道該怎麼回答；在求職面試時問：「我爲什麼要來應徵這家公司？」面試官也會對此無言以對。

同樣地，即使拿「我讀這本書是想了解什麼？」的問題來問作者，作者也只能回答「我哪知道」而已。

答案就在自己心裡。要想從書本中獲得資訊，一定要在閱讀前親自找出這個「答案」。

利用名為「關鍵字」的變焦功能聚焦在所需資訊上——內在因素消除法

書店跟圖書館裡面陳列著數量龐大的書籍。若要從裡面挑選一本書，得先選擇「書種」。以本書來說，相應的分類是「閱讀術」或「閱讀」。另外像是健康、社交禮儀、工作方法、金錢、育兒……這些都是「書種」。

我們會走到自己感興趣的「書種」架前，查看書的標題或書腰上的文案，然後拿起自己看對眼的書。走進書店時，應該總有一個可以讓各位自然而然停駐的地方吧？也就是說，**其實各位都已清楚自己感興趣、想了解的資訊來自什麼「書種」**。

之所以想閱讀，是因為在各書種的知識領域裡有「做不好的事」或「想做到的事」，而**掌握書中資訊的訣竅，就在於分析拆解自己的煩惱或心願，將其變成「關鍵字」**。

舉例來說，如果是正在閱讀本書的朋友，應該會有很多人感興趣的是「閱讀」搭配「無法汲取資訊」的內容。前者就是書種，後者則是你的煩惱（或心願）。

各位是為了讓自己從讀完書卻無法汲取書中資訊的人（A）變成能掌握資訊的人（B），亦即從「A」變成「B」才選擇讀這本書的，對吧？

現在我們試著在訂定「無法汲取資訊」這個關鍵字以後，再閱讀本書開頭〈前言〉的內容看看。如此一來，就會呈現這種感覺：

・容我開門見山地說，讀了書卻**無法從中汲取資訊**的原因，在於「閱讀前沒有設定好關鍵字」。

・即使讀了同一本書，對於那些想從書中汲取的**資訊**，也有「能掌握的人」和「**無法掌握的人**」。容我再重申一遍，兩者之間唯一的差別在於「是否在開始閱讀前訂好關鍵字」。

我們的天線會像這樣在文章中發揮作用。

擅長自書中汲取資訊的人，非常明白自己要的書種以及與其搭配的關鍵字（即「讀這本書的理由」），同時還能聚焦在這些前置設定下閱讀，掌握所需訊息。因爲**一旦目的地清楚明確，我們的思維就自然會朝著目標前進**。

倘若沒有目標關鍵字，我們的大腦就會不知道該把焦點放在哪裡。可以說就像是在「焦距不對」的狀態下閱讀，而在這裡**扮演「變焦功能」的正是關鍵字**。

那麼接下來，我將在第 2 章詳細解說「訂定關鍵字的方法」。

第2章

訂定關鍵字的方法

拆解想要的資訊，將其「精鍊成關鍵字」

剪報公司承接訂單時，會以含有客戶所需資訊的「關鍵字」當基準。

現在請你嘗試用同樣的方式，拆分自己想知道的資訊（即「煩惱或心願」），把它「精鍊成關鍵字」。

這種說法聽起來可能會讓各位以為是一項全新的挑戰，但其實你早已曾經在無意識下把自己需要的訊息「精鍊成關鍵字」。只要是有在網路上用社群網站或搜尋引擎的人都必然如此。

比如說，你去聽了「宇多田光」在「橫濱體育館」舉辦的演唱會，因為深受其現場演唱所感動，開始想知道當天與你一同湧進演唱會的12000名粉絲有什麼感想。

於是你就會在回家的路上，打開社群網站，輸入：

「宇多田光」×「橫濱體育館」

並以此爲關鍵字搜尋一番，對吧？

將這一過程化爲文字後，便形成以下步驟：

❶拆解自己想知道的資訊，即「宇多田光橫濱體育館演唱會的參加者感想」。

❷從中提取能象徵其內容的關鍵字（宇多田光、橫濱體育館）。

❸搜尋關鍵字。

換言之，你已經在把所需資訊「精鍊成關鍵字」並試圖去了解了。

只搜尋「宇多田光」會出現一大堆跟演唱會無關的結果，所以要加上「橫濱體育館」一起搜尋，這樣才能縮小範圍，這是一大關鍵。

接下來，如果你還想回憶一下宇多田光在演唱會上的聊天內容，或許就會像這樣追加一個關鍵字搜尋：

「宇多田光」×「橫濱體育館」×「聊天內容」

若想回顧當天的演唱會歌單，那這次便會更改關鍵字爲：

「宇多田光」×「橫濱體育館」×「歌單」

按下 ENTER 鍵搜尋，然後搜尋引擎就會自動爲你找出符合搜尋條件的結果。看到搜尋結果以後，你可能會因「其他人有跟自己一樣的想法」而高興，佩服網友「竟然連這麼小的細節都記得」，或是發現「原來還有這種見解」而受益匪淺。

在這本書裡，你的「搭配搜尋關鍵字」是什麼？

如此這般，蒐集資訊本來就是非常令人愉快的過程。有自己尋求的資料如預期地落入手中的快感，也有發掘自己至今未曾知曉的事物的喜悅，以及隨著知識增長而滿溢的自信。

我們明明可以在社群網站或搜尋引擎上創造這樣的良好循環，爲什麼在同爲

「文字媒體」的閱讀上卻做不到呢？

原因在於，**不明白主要關鍵字的「搭配搜尋關鍵字」是什麼**。

以前面的範例來說，就是思考還停留在「宇多田光」的階段，無法想像再更進一步去建立「橫濱體育館」、「聊天內容」和「歌單」等自己眞正所需資訊的關鍵字。

主要關鍵字是書本的「書種」，以這本書來說就是「閱讀術」或「閱讀」。我知道各位會想讀本書，可能是因爲在「閱讀」上有點力不從心，或是在這方面有相應的煩惱，可是你在「閱讀」之後想知道的是什麼？

「閱讀」×「？？？」

不搞清楚這個「？？？」的內容，就無法取得想要的資訊。

截至2020年1月，在Google上以日文搜尋「宇多田光」時，會出現約

1000萬筆的結果。眞不愧是日本的歌姬，這數量十分驚人。雖說要把所有搜尋結果全部看一遍也不是不可能，但所耗費的時間大概會相當誇張。因此，我們才會使用「搭配搜尋」的方式，以便盡快找到並確實掌握自己想知道的訊息。

另一方面，據說像本書這樣的商管書，每一本平均都有10萬字左右。這樣的文字量也非同小可。然而迄今爲止，你很有可能是在沒訂定任何「搭配搜尋」關鍵字的狀態下閱讀這10萬字「大量堆砌的詞語」。

我想，如果把這種行爲照搬到網路上，各位應該就能明白想以這種方式取得所需資訊有多魯莽了吧。

閱讀時「碰巧翻到的那一頁就刊載了自己想要的資訊」，這種「天上掉餡餅」的好事並沒有那麼容易發生。

好好挖掘自己的內心，訂定搭配搜尋的關鍵字，然後拚命去尋找對應的訊息，不這樣做是沒辦法掌握資訊的。

透過「別人的關鍵字」找出自己的專屬關鍵字

那麼，就讓我們趕快將各位想從這本書裡知道的資訊「精鍊成關鍵字」吧。

「閱讀」×「？？？」

請嘗試寫下大約 3 到 5 個可以套入「？？？」的關鍵字。

……看到這句要求以後，各位寫得還順利嗎？

我以前讀這種講述閱讀方法的書時，並未好好寫出「？？？」的內容。雖然大致明白自己想了解的事是什麼，但卻沒辦法把這個想法提煉成「關鍵字」。

對我來說，這是因為關鍵字一直都是由客戶「提供」的東西，我太過習慣於這種接收「請幫我蒐集關鍵字○○○的相關資料」，並回應「好的，我明白了」的資訊蒐集模式。也就是說，在關鍵字這方面我始終都是一個被動的人，從未主動面對「屬於我自己的關鍵字」。

有一天，我跟朋友去KTV唱歌，因為是在指定時段內可無限歡唱的機制，所以隨著時間的流逝，我們會唱的拿手曲目都漸漸唱完了，陷入一種尷尬的窘境，這時救了我們的是「點歌紀錄」。

近期點播歌曲一覽

- 時代（中島美雪）
- Cherry（SPITZ）
- 戀愛的幸運餅乾（AKB48）
- Lemon（米津玄師）
- 別認輸（ZARD）

・光榮之橋（柚子）
・UFO（Pink Lady）

我們那天唱歌用的是日本一種名叫「LIVE DAM STADIUM」的點歌系統，包廂內的點歌機可以顯示出之前訂此包廂的人留下的 1000 首點歌紀錄。我只要從第 1 首開始翻看，就會發現很多能加進自己歌單的曲目，比如〈時代〉我應該可以唱得不錯，或是想起很久以前常唱〈UFO〉這首歌之類的。然後我靈光一閃，想到：

「好像也可以把這種方法應用在尋找關鍵字上。」

「觀察自己時不要獨自進行，而是透過對手去反觀，從中找到自己該面對的課題。」

這是出現在花式滑冰選手羽生結弦的著作《圓夢人生》（暫譯，原書名《夢を生きる》）中的一句話。羽生選手曾於索契冬奧摘下金牌，在賽季期間，他持續觀察他最主要的競爭對手，也就是加拿大陳偉群選手的表演，拚命思考該如何擊敗他，以及自己有什麼不足之處。

而在KTV裡的我，則發現不必自己一個人埋頭去想要唱什麼歌，而是從其他人唱過的歌單裡找出自己能唱的曲子。

「看看別人做什麼，再反饋給自己」，各位不妨試著用這種方法來發掘你所需要的關鍵字。

從現在開始要做的事

屬於自己的關鍵字不要獨自苦思，而是透過「別人的關鍵字」去發現。

用搜尋引擎的「建議關鍵字」蒐集「別人的關鍵字」

承前所述，我們要去了解「別人的關鍵字」，但總不能一一找人搭話，問對方「你的關鍵字是什麼」吧。

這時派上用場的，正是搜尋引擎的「建議關鍵字」功能。或許各位之中已經有許多人知道這個功能了。只要在關鍵字的後面加一個空格，搜尋引擎就會顯示一連串的建議關鍵字清單。

建議（suggest）的英文有「提議、提案」的意思。「你想搭配搜尋的是這個關鍵字吧？」電腦會像這樣自行預測並提出建議。這麼說來，不覺得這個功能就像是「別人的關鍵字」嗎？

Google 最多可以顯示 8 個建議關鍵字，Yahoo! JAPAN 則是最多 10 個[1]。

---

1 譯註：至 2024 年 4 月為止，Google 可顯示的關鍵字已增加為最多 10 個，Yahoo! JAPAN 最多仍為 10 個，Yahoo! 奇摩則為最多 12 個。

不必給任何人添麻煩，我們也可以只靠自己的力量蒐集「別人的關鍵字」。這麼好的功能實在是不用不行啊。

我曾試著在Google和Yahoo! JAPAN輸入「閱讀」，並在後面打上一個空格，然後便出現了以下內容：

「閱讀」×建議關鍵字

◎Google：英文、效果、推薦、咖啡廳、APP、插畫、紀錄、椅子

◎Yahoo! JAPAN：效果、推薦、插畫、優點、APP、椅子、音樂、英文怎麼說、咖啡廳、燈

Google與Yahoo! JAPAN有時會呈現完全不同的搜尋結果，但是在「閱讀」一詞上建議的關鍵字倒是很類似。看來「效果、推薦、咖啡廳、APP、椅子」都是這世上許多人關心的事物。

不過各位可不要看到這8到10個關鍵字，就以為自己「已經對閱讀相關關鍵字有一定的了解了」。

這感覺就好像看了Yahoo!網站的「焦點新聞」，便以為自己完全掌握世上百態一樣。那些合乎自己興趣嗜好的新聞，不再進一步詳細搜尋是找不到的。

因此我們必須更深入挖掘關鍵字，找出那個能讓自己有共鳴的東西。

按日文五十音順序來看「閱讀」一詞的建議關鍵字

在這裡，我推薦的方法是按照日文五十音的順序把「建議關鍵字」逐一瀏覽。

・「閱讀」×「あ」
・「閱讀」×「い」
・「閱讀」×「う」

類似這樣把關鍵字從日文五十音的「あ」到「わ」全數看過一遍，毫不遺漏地掌握所有日文關鍵字。在此就將實際搜尋的結果，依照五十音的順序各選一個出來介紹。

「閱讀」×日文五十音關鍵字

◎あ行[2]：讀不進去、沒有意義、手很累、Evernote、推薦
（原文：頭に入らない、意味ない、腕が疲れる、Evernote、おすすめ）

◎か行：咖啡廳、紀録、脖子會痛、螢光筆、訣竅
（原文：カフェ、記録、首が痛くなる、蛍光ペン、コツ）

◎さ行：幾本、不專心、速度、劃線、效率
（原文：冊数、集中できない、スピード、線を引く、速度）
◎た行：怎麼享受、獲取知識、一個月幾本、記不住、圖書館
（原文：楽しみ方、知識を得る、月に何冊、定着しない、図書館）
◎な行：忘記內容、熱門書、摘要、想睡、筆記
（原文：内容を忘れる、人気の本、抜き書き、眠くなる、ノート）
◎は行：速讀法、沒必要、便利貼、頭燈、怎麼選書
（原文：速く読む方法、必要ない、付箋、ヘッドライト、本の選び方）

2 編按：「日文五十音是以代表母音的あ段、い段、う段等五個段，搭配代表子音的あ行、か行、さ行等十個行交織組成，但現代日文中已有數個音捨棄不用。作者在此是先條列出代表子音的各「行」，再依母音各段順序列出關鍵字。

◎ま行：心智圖、學不起來、毫無意義、眼睛疲勞、目的
（原文：マインドマップ、身につかない、無意味、目が疲れる、目的）
◎や行：沒有幫助、用手指著字讀、好讀懂的書
（原文：役に立たない、指でなぞる、読みやすい本）
◎ら行：舒服的姿勢、量、放大鏡、心得、記錄
（原文：楽な姿勢、量、ルーペ、レビュー、ログ）
◎わ行：不小心忘了（原文：忘れてしまう）

如此看來，這世上的人們其實是懷著五花八門的想法在搜尋「閱讀」這個關鍵字。不知道將上述內容跟你的價值觀對照以後，有沒有什麼特別觸動你的詞彙呢？有的關鍵字可能會讓你認為「就是這個」，也有些對你而言是「這麼說，我對這個話題也是有點感興趣」。如果找到的是後者，總覺得好像滿開心的，因為可

以藉由建議關鍵字代為表達那些我們看不見卻真實存在於我們內心的情感。

搜尋引擎沒有感情，所以它也不會擔心向我們建議某些關鍵字會不會沒禮貌。在一整排沒有經過任何篩選過濾的雜亂關鍵字裡，找出那些能撥動自己心弦的詞彙，不覺得這是一件很令人開心的工作嗎？

為蒐集到的「建議關鍵字」分門別類

以下我們將嘗試爲之前按五十音蒐集的關鍵字大致歸類。

「閱讀」×日文五十音關鍵字×分類

❶無法順利蒐集資訊

→讀不進去、記不住、忘記內容、學不起來、不小心忘了

❷在意閱讀速度

→速度、效率、速讀法

❸閱讀姿勢或狀態問題

→手很累、脖子會痛、想睡、不專心、眼睛疲勞、舒服的姿勢

❹想請教有眼光的人

→推薦、訣竅、熱門書、怎麼享受、怎麼選書、好讀懂的書

❺否定閱讀本身

→毫無意義、沒必要、沒有意義、沒有幫助

❻想知道別人的閱讀量

→幾本、一個月幾本、量

❼閱讀紀錄

→Evernote、紀錄、劃線、摘要、筆記、心智圖、心得、記錄

❽閱讀小物
→螢光筆、便利貼、頭燈、放大鏡

為關鍵字按類分組以後，就能明白世人對閱讀這個主題有著怎樣的煩惱與關心，也就是「市場趨勢」。別只見樹（單一關鍵字），而是要見林（衆多關鍵字）。從俯瞰全局的角度來觀察，才有辦法明確看清一直以來都模糊難解的實際樣貌和狀態。

「閱讀」的建議關鍵字，總共可以分成 8 種類別。

人們的主要煩惱應該是「無法順利蒐集資訊」和「閱讀速度不快」。也有許多人在閱讀時的「姿勢」或「狀態」遇到問題，或是很在意其他人的「閱讀量」與「做紀錄的方式」。

此外，既有滿心積極向上，「希望有眼光的人可以教教自己」的人；亦有否定閱讀本身，認爲「閱讀沒意義、沒有用」的人……價值觀眞的是人人各異。不過我想，現在正在閱讀本書的你，肯定是屬於前者吧。

按日文五十音順序來看「蒐集資訊」一詞的建議關鍵字

我的工作是從大量的鉛字之中「捕捉資訊」，而這本書是爲了**「❶無法順利蒐集資訊的人」**所撰寫的，因此我也想按照五十音來查看「蒐集資訊」這個關鍵字。

「蒐集資訊」×日文五十音關鍵字×調查

◎あ行：天線、Instagram、擅長的人、營業、很慢

（原文：アンテナ、Instagram、うまい人、営業、遅い）

◎か行：公司、關鍵字、怎麼鑽研、搜尋、更有效率

（原文：会社、キーワード、工夫、検索、効率化）

◎さ行：網站、很花時間、手機、整理、來源

（原文：サイト、時間がかかる、スマホ、整理、ソース）

◎た行：重要、調查、Twitter、技巧、擅長

（原文：大切、調査、Twitter、テクニック、得意）

◎な行：内容、不擅長、萬全、資料、竅門

（原文：内容、苦手、抜け目ない、ネタ、ノウハウ）

◎は行：很快、傾聽、Facebook、做得很爛、書

（原文：早い、ヒアリング、Facebook、下手、本）

◎ま行：總結方法、mixi、浪費、優點、目的

（原文：まとめ方、mixi、無駄、メリット、目的）

◎や行：怎麼做、YouTube、怎麼讀（原文：やり方、YouTube、読み方）

◎ら行：LINE、即時、規則、報告、論文
（原文：LINE、リアルタイム、ルール、レポート、論文）
◎わ行：話題（原文：話題）

感覺這裡列出的關鍵字好像意外地容易想像，各位怎麼看呢？

那麼接著要來分組，首先映入眼簾的無庸置疑是「英文單字」。

「Instagram、Twitter、Facebook、mixi、YouTube、LINE」。從這些關鍵字可以知道，現在的社群網站不僅用於朋友之間的交流，還作爲「蒐集資訊的工具」來使用。換言之，社群網站擔任了搜尋引擎的角色。

而後是煩惱自己蒐集資訊「很慢、很花時間、不擅長、做得很爛」的人，以及想學習「怎麼鑽研、更有效率、技巧、總結方法、規則、怎麼做」的人。

其整體樣貌與關鍵字「閱讀」大致相同。

為關鍵字分門別類，了解自己關心該主題的什麼內容，或是有著什麼樣的煩惱以後，**甚至還能對與自己所訂關鍵字相同領域的關鍵字也豎起天線**。

若以前面提到的「宇多田光」搭配「聊天內容」的例子比喻，就是不只會看到「聊天內容」一詞，連「閒聊」、「講話」、「說話方式」等關鍵字都會引起你的注意。

「宇多田光毫不做作的**聊天**很棒」

「宇多田光的**閒聊**橋段雖然有點結巴，但這一點也很讚」

「宇多田光唱歌很帥，**講話**很可愛」

「宇多田光的**說話方式**好像她媽媽藤圭子喔」

儘管搜尋引擎只能找出我們「輸入的關鍵字」，不過我們可以利用「語言的彈性」和「同義詞」來搭配搜尋。這是人類獨有的出色能力。**只要放在心上的關鍵字隨著閱讀的過程增加了，能從一本書裡獲取的資訊量也會逐步提升**。

沒聽過是你的損失：「關鍵字規劃工具」

讀到這裡，我想各位應該已經了解「按五十音順序瀏覽所有建議關鍵字，然後找出自己的專屬關鍵字」的技巧了，只是這個方法的困難之處在於得耗費不少時間。日文五十音從「あ」到「わ」總共有44個字，就算以1個字花15秒來看，也要用掉10分鐘左右才看得完，要在忙碌的每一天裡抽出這短短的10分鐘絕非易事。

於是對於「怕麻煩」的你，我想大力介紹的就是**「關鍵字規劃工具」網站**[3]**（http://www.related-keywords.com/）**。

只需搜尋一次，這個工具就能爲我們整理出Google上的所有建議關鍵字，並且依照日文平假名「あ」到「わ」、英文字母「A」至「Z」的排序顯示。這個工具的方便程度非常驚人，與其說聽過它就會有所收穫，不如說沒聽過才肯定是你的損失。

請各位試著開啓上述的建議關鍵字網站，在首頁左上角的「關鍵字搜尋」欄位輸入「閱讀」兩字，並按下「開始取得」的按鈕[4]。每個五十音的假名和英文字母都會有10個建議關鍵字，一瞬間就能列出大約700個結果。

---

3 譯註：對於中文讀者而言，雖不適用以日文五十音蒐集建議關鍵字，但可借鏡作者的做法，利用Gemini或ChatGPT等AI工具進行關鍵字蒐集與分類。

4 譯註：目前（2024年4月）已知該網站版面略有調整，「關鍵字搜尋」欄位於首頁左方，輸入關鍵字後按下搜尋按鈕即可。

這絕對超省時間！看著這個列表尋找有興趣的關鍵字，跟嘴上唸唸有詞並從零開始獨自憑空想出關鍵字，這兩種人哪一方更有效率自是不言而喻。

今後的閱讀方法

在閱讀一本書之前，要先❶嘗試在「關鍵字規劃工具」網站上搜尋這本書的書種或主題，快速瀏覽「別人的關鍵字」。然後，❷從中列出好幾個自己直覺有感的關鍵字，並且❸記住這些關鍵字再開始閱讀。未來就讓我們一起「主動閱讀」，自發性地去掌握目標資訊吧。

我想，應該也有人會在讀完商管書籍以後，照著書中的內容付諸行動。如果你想從本書之中選一個方法實行，還請務必用用看這個「關鍵字規劃工具」。

運用「關鍵字規劃工具」，徹底深入探索自己的喜好

雖說會有一點偏離閱讀這個主題，不過「關鍵字規劃工具」不只可以用來找讓自己有共鳴的關鍵字，還可以運用在「深入挖掘自己的愛好」上。

舉個例子，職業棒球選手鈴木一朗是日本國民級的超級巨星，說不定各位讀者之中也有不少人是他的球迷，只可惜他已於2019年3月退休了。這邊我會試著搜尋「鈴木一朗」，同時爲每個五十音的假名各介紹一個建議關鍵字。

「鈴木一朗」×日文五十音關鍵字

◎あ行：愛犬、退休記者會、手錶、鐵粉愛咪、搞笑T
（原文：愛犬、引退会見、腕時計、エイミー、おもしろTシャツ）

◎か行：咖哩、兄弟、挑食、血型、神戸
（原文：カレー、兄弟、食わず嫌い、血液型、神戸）
◎さ行：墨鏡、身高、釘鞋、出生年月日、明星臉
（原文：サングラス、身長、スパイク、生年月日、そっくりさん）
◎た行：體脂肪率、智辯和歌山、生涯打擊率、天才、登場曲
（原文：体脂肪率、智弁和歌山、通算打率、天才、登場曲）
◎な行：眼淚、針織帽、刷新紀錄、年薪、野茂
（原文：涙、ニット帽、塗り替えた記録、年俸、野茂）
◎は行：濱田雅功、安打數、古畑任三郎、喬裝、本名
（原文：浜田雅功、ヒット数、古畑任三郎、変装、本名）
◎ま行：水手隊、美津濃、開心果、名言、設定目標
（原文：マリナーズ、ミズノ、ムネリン、名言、目標設定）
◎や行：洋基隊、勇健、老婆（原文：ヤンキース、ユンケル、嫁）

◎ら行：場內全壘打、父母、賽前儀式、雷射肩、日語羅馬字（原文：ランニングホームラン、両親、ルーティン、レーザービーム、ローマ字）
◎わ行：世界大賽（原文：ワールドシリーズ）

各位一朗球迷的讀者們，你們都知道這些關鍵字是指什麼嗎？

大家應該都明白「退休記者會」、「水手隊」是什麼意思，但「手錶」、「登場曲」等詞彙大概會有人不太清楚是什麼吧，搞不好還有很多人沒辦法正確記住「生涯打擊率」、「安打數」這些一朗創下的紀錄數字。

一旦看到「關鍵字規劃工具」網站上密密麻麻列出來的700個關鍵字，我想再自視甚高的狂熱一朗迷，都會深切感受到自己的知識還存在不少疏漏和不足之處。因爲有不明含意的關鍵字而心有不甘，於是拚了命地調查研究，結果讓自己對鈴木一朗的了解比從前「更廣、更深」。

「自學」會拓展對自身喜愛事物的知識，這種方式不同於那種強迫學生出席的學校課程，是一件眞正能讓人樂在其中的事情。不論是遇到討厭的事，還是想逃避現實的時候，都請一定要試著全心投入自學看看。

另外，剛成爲某個名人或運動員的新粉絲時，也可以運用這個「關鍵字規劃工具」網站，有效率地蒐集他們的基本資料。

例如以全球知名搖滾樂團皇后合唱團爲故事主軸的音樂電影《波希米亞狂想曲》，曾在2018年上映時爆紅。50歲以上且知道皇后合唱團全盛時期模樣的人，應該才是最適合這部電影的客群；很多年輕人可能是直到看了這部電影，才知道樂團主唱佛萊迪・墨裘瑞（Freddie Mercury）是誰。

其實我正是這種人。看了電影以後，想著要更詳細地了解劇中主角，便在「關鍵字規劃工具」網站上搜尋「佛萊迪・墨裘瑞」。

「佛萊迪・墨裘瑞」×日文五十音關鍵字

◎あ行：愛迪達、移民、溫布利球場、愛滋病、歌劇

（原文：アディダス、移民、ウェンブリー、エイズ、オペラ）

◎か行：很酷、肌肉、皇后合唱團、結婚、小孩

（原文：カッコいい、筋肉、クイーン、結婚、子供）

◎さ行：作曲、死因、球鞋、性取向、單飛

（原文：作曲、死因、スニーカー、セクシャリティ、ソロ活動）

◎た行：坦克背心、父親、追悼演唱會、天才、生命鬥士

（原文：タンクトップ、父、追悼コンサート、天才、闘病）

◎な行：姓名由來、日本、玩偶、貓、蘭碧兒化妝品

（原文：名前の由来、日本、ぬいぐるみ、猫、ノエビア化粧品）

◎は行：暴牙、熱門單曲、訃聞、髮型、本名

（原文：歯並び、ヒット曲、訃報、ヘアスタイル、本名）

◎ま行：媽媽、MV、兒子、瑪麗、前妻

（原文：ママ、ミュージックビデオ、息子、メアリー、元妻）

◎や行：消瘦、YouTube、童年（原文：痩せた、ユーチューブ、幼少期）

◎ら行：拯救生命、父母、溯源、Radio Ga Ga、羅傑・泰勒

（原文：ライブエイド、両親、ルーツ、レディオガガ、ロジャーテイラー）

◎わ行：笑一笑又何妨（原文：笑っていいとも）

跟鈴木一朗不同，我對「佛萊迪・墨裘瑞」並不熟悉，所以有很多看不懂的關鍵字。從一開頭的「愛迪達」我就完全搞不懂是怎麼回事了，試著查詢一下，發現這個名詞指的是電影最關鍵的場景——在電影最後20分鐘的「拯救生命」慈善演唱會上，佛萊迪穿的那雙球鞋就是愛迪達出品。

知道這一點以後，我在大腦裡設定了「愛迪達」這個關鍵字，並重新看了一

遍YouTube上的拯救生命演唱會影片，發現佛萊迪真的穿著愛迪達的球鞋！可是我在電影院透過大銀幕觀賞時根本沒注意到這一點。「人只能看見自己決定要看的東西」這個道理不僅限於閱讀，連電影也是如此。

《波希米亞狂想曲》吸引了許多觀眾重刷電影，造成很大的轟動，但是在那些去看了5、6次電影的人之中，到底有幾個人注意到「佛萊迪穿的是愛迪達球鞋」呢？眾人錯過的這個細節，卻讓我看見了。**即使看著同樣的事物，有訂定關鍵字的人與沒有這麼做的人，其雙眼所能吸收的資訊量截然不同**。

像這樣運用「關鍵字規劃工具」來深入挖掘自己喜歡的事物，就會發現那些吸引自己的關鍵字都有某些共同點。

比方說對「鈴木一朗　愛犬」和「佛萊迪　貓」有興趣的人，可能很想養寵物，或是正在尋求動物輔助療法也說不定。

單單看到自己對關鍵字的反應，就能明白自己對什麼樣的事物感興趣。或許也可以說是，能從中了解「自己這個人」的本質。

有目標「關鍵字」，才有辦法節能閱讀

在腦袋裡放入關鍵字再去閱讀的益處，是能夠看到至今爲止都看不見（被埋沒）的東西。另外還有一個優點，則是可以啓動閱讀的「節能」模式。

舉例來說，假如你眼前有一份《讀賣新聞》的早報，然後有人跟你說：「從現在起，在1分鐘內找到刊登昨天巨人（讀賣巨人）隊棒球比賽結果的報導，就給你100萬日圓！」你會怎麼讀這份報紙？

恐怕會跳過報紙前面的政治、經濟和國際版面，直接先看「體育版」。接著你可能會搜尋含有「職業棒球」四字的標題，並從中找出「巨人隊」的報導。我想應該沒有人明明得在1分鐘內找到巨人隊的新聞，卻還在那邊看每天連載的「四格漫畫」，細讀「電視節目表」上刊登的電視劇大綱，或是一個個確認「訃聞欄」上的人名吧。

因爲我們讀得懂報紙上的語言，所以可以找到線索辨認「有可能刊載關鍵字的

版面」。在這個範例裡，我們會先預設「職業棒球比賽結果應該會刊登在體育版」，同時稍微對其他的版面「放鬆警覺」。

這種**「不用盡全力讀所有文章」**的做法，是非常重要的閱讀訣竅。

以前花式滑冰選手淺田真央曾經在電視節目上親自講解自己在索契冬奧上的「傳說長曲」——編排 8 次跳躍全部成功，包含一共 6 種三轉跳的自由滑長曲。她在表演曲目前半段結束時曾暫停一瞬，後半段開始才滑了出去，此時淺田選手解釋：「這邊是小憩的時機點。」在她本人看來，沒有跳躍和炫技步法的段落是近似於「休息」的地方，可外行人眼中只看得到她奮力滑冰的模樣。

馬拉松比賽的頂尖跑者也會說「30公里前先跟著配速員跑，保留體力……」之類的話。儘管這對他們本人而言是「保留體力」，但在一般人眼中，只覺得他們是以極快的速度在奔跑。

「能在氣力分配上張弛有度」，可說是一門專業中的「高手證」。

儘管「閱讀文章的高手（專業調查員）」每天從早到晚有 8 個小時都在埋頭

閱讀鉛字，可是各位覺得人會在這麼長的時間內一直保持專注嗎？

無論有多專業，都做不到這一點。至少我的大腦並沒有這麼誇張的體力。因此，雖然動作上「看起來一直在閱讀」，但其實是在閱讀的同時適當地「小憩」。

商管書的「小憩時機」在哪裡？

專業調查員必須閱讀報章雜誌，並從中找出內含客戶所委託１５００個關鍵字的報導，不過當中也有相當多的頁面會被判斷爲「不含任何指定關鍵字」。這就像長年培養出來的直覺一樣，調查員會在不太重要的段落以「節能」模式閱讀（即「小憩」），這樣才有辦法堅持讀一整天。

覺得閱讀很累的人，是不是對所有的文章都是從頭到尾竭盡全力去閱讀呢？在商管書裡，**有3個地方「可以休息一下（跳過不看也無所謂）」**。

❶已知的資訊
❷作者的自誇
❸公司或產品的宣傳

❶這種已經知道的內容，不管讀幾遍都不會改變。

❷這種自吹自擂跟英勇事蹟，最好是左耳進右耳出。

❸是作者將個人生意與出版掛鉤的宣傳策略，若認真讀就會澈底被廣告蠱惑。

書中寫到這些內容的地方，便是讀書時的「小憩時機」。尤其❷跟❸的段落裡出現關鍵字的可能性極低，不該在這種地方額外花費力氣閱讀。

綜上所述，一旦有了目標關鍵字，不只可以「掌握資訊」，還能**「建立一個在閱讀時喘口氣的地方」**。不光是花式滑冰選手和馬拉松跑者，讀書人也該重視氣力的分配。

這不是「偷懶」，而是「掌握要領」地閱讀。要做到這一點，就請在那些不太可能含有關鍵字的段落以「節能模式」閱讀。

閱讀時扮演「我一人公司」，為自己蒐集必要資訊

我所隸屬的剪報公司，其業務內容是「收取調查費用，代替客戶蒐集對方所需的資訊」。如果把這個模式套用在閱讀上，就是「支付購書費，讓『我一人公司』爲自己蒐集必要資訊」。

換句話說，閱讀就像是一種「單人剪報」。最近似乎愈來愈流行一個人做某件事的「獨活」，例如單人KTV、單人電影、單人烤肉等等。在閱讀的時候，希望各位也能抱持「我正在一個人做剪報」的感覺來閱讀。

如同剪報公司從客戶手上以「關鍵字」承接訂單，你也可以自己向「我一人公

司」下訂單，列出含有必要資訊的「關鍵字」。而後，憑藉自己的力量找出涵蓋這個關鍵字的文章。

閱讀就是在為自己的未來投資「金錢」與「時間」

。一本書的價格約在1500日圓上下，雖說可以免費借閱圖書館的書，但這樣又必須奉上往返圖書館的時間。既然都已經在忙碌的生活中投入了這麼多的資源，那就必須全力以赴地去得到回報（想要的資訊）才行。

在剪報工作的實作中，還有一種情況是投資了卻沒有獲得回報（即「找不到含有委託關鍵字的報導」）。

例如，我們收到食品廠的委託訂單，對方希望能夠爲商品名關鍵字「Heru」[5]做剪報。

這是一款劃時代的減重食品，商品名稱有「吃了必定減輕體重」之意（※此

5 譯註：日文「減る（へる）」的發音即是「heru」，為「減少」之意。

爲虛構案例，實際並無該產品）。這家食品廠在２０１８年９月16日請來各家媒體，盛大地舉辦了「新品發表會」。本以爲隔天報紙上一定會刊登「Heru」的報導，不料……

「２０１８年９月16日」是歌手安室奈美惠退出歌壇的日子。隔天９月17日的報紙版面大多都被安室奈美惠的新聞所占據，在哪都找不到「Heru」的報導。雖然調查員在熱門歌曲榜上看到「Hero」（ＮＨＫ電視台的里約奧運轉播主題曲）一詞高興了一瞬間，但可惜這只是眼花看錯。

調查員拚了命尋找關鍵字，可是最後報上登的卻只有「Hero」，並未找到任何含有「Heru」關鍵字的報導。即使在這種情況下，我們還是得於心不安地收取調查費（此爲承接委託時就產生的費用）。

類似安室奈美惠退隱這種可以事先知道日期的新聞還能特意避免撞期，但有時突然爆發的大新聞，例如重大事件、災害，或是名人的結婚、訃聞、被捕等等，都有可能把原本預計會登的報導擠掉。從客戶的角度來看，花了錢卻沒有任何收穫，那確實就像是吃了悶虧。

「單人剪報」也一樣，因爲已經先付出了購書費，所以找不到自己所需的資訊（即「含有關鍵字的文章」）就回不了本。我想，應該沒有人會想要吃虧吧。**在閱讀上，找不找得到想要的資訊都取決於自己**。因此我們也沒有別的選擇，只能不遺餘力地去搜尋關鍵字。

什麼是「好的關鍵字」？

我用「關鍵字規劃工具」網站找到不少屬於自己的關鍵字，同時也看過不少客戶委託的「眞正關鍵字」，我想加總起來的數量恐怕超過 1 萬個。

要是在一開始的「關鍵字設定」上出錯，就沒辦法掌握自己需要的資訊，因此大家都會鄭重考量關鍵字的選用，其中我覺得最好的是**「容易理解委託原因」**的關鍵字。

近年來統稱爲「GAFA[6]」的平台商席捲了全世界的經濟，此時如果接到Google要求調查「Apple」、「Facebook」和「Amazon」這三個關鍵字的委託，那他的目的必定是「了解競爭對手的動向」。

另一方面，假若關鍵字是「Gmail」、「Google Home」，則多半是想要「了解自家商品的產品知名度或形象」。

好的關鍵字就像這樣。我們不必直接詢問客戶，**只要看一眼就能想像它是「為了什麼」而設定**。

來自Google的關鍵字訂單

- 「Apple」、「Facebook」、「Amazon」→想了解競爭對手的動向。
- 「Gmail」、「Google Home」→想了解自家商品的產品知名度或形象。

就算是一家籍籍無名的公司，不如Google這般廣為人知，那也可以在某種程度上從他所委託的關鍵字裡察覺客戶的背景。比如委託關鍵字是「無償加班」、「過勞死」，就可以推測這家公司「勞動環境有問題」、「可能是一間黑心企業」等等（雖說實際情況尚且不得而知）。

那麼，要是一家「閱讀公司」委託「自我啓發」、「實現願望」這兩個關鍵字呢？是不是有點籠統，讓人不清楚他想做什麼，對吧？這兩個關鍵字似乎並未觸及閱讀的核心，或者說感覺可以再進一步去深入挖掘。

但若這家公司提供的關鍵字是「記不起來」、「忘了內容」，那便可推斷出「這家公司的研究課題是資訊的輸入」；如果關鍵字是「筆記」、「索引貼」、「劃線」，則多少可以想像「這家公司可能正在摸索輸出資訊的手法」。

6 編按：GAFA是指美國四大科技公司Google、Apple、Facebook與Amazon，以各家公司英文名稱的首字母合併後稱之。

來自閱讀公司的關鍵字訂單

・「自我啓發」、「實現願望」→不太清楚為何設定這些關鍵字。
・「記不住」、「忘了內容」→明白其課題是資訊的輸入。
・「筆記」、「索引貼」、「劃線」→知道他們正在摸索輸出資訊的手法。

綜上所述，訂定關鍵字的時候，請試著**客觀思考「訂下這個關鍵字的理由」是否容易理解**。

利用空檔時間
事先做好「關鍵字的提煉」

我平時都會搭電車通勤，現在車上的男女老少幾乎所有人都在滑手機。早上人潮最高峰時，明明乘客多到幾乎會被擠死的程度，人們也依然可以騰出一小塊空間靈活地點擊、滑動螢幕畫面或打字。

對於身懷這種技術的讀者，希望你可以在此時點開「關鍵字規劃工具」網站來研究關鍵字。在旁人看來，也許你只是在玩手機而已，但實際上你卻是在進行一件相當尊貴又知性的工作——「深入發掘自己的煩惱或關注對象」。雖說這完全是一種自我滿足，但我真的很推薦運用這種空檔時間來做閱讀前的「準備工作」。

「透過累積數量來提高品質，亦即量變引起質變的定律」，是同樣適用於關鍵字的眞理。建議各位平日就多看關鍵字，努力培養出一對「關鍵字慧眼」。

要找出那些能刺激自己內心深處，引發共鳴的東西，並帶著「瀏覽」而非「精讀」的心態來看關鍵字列表，從中選出能夠觸動自己的詞彙，然後一遍又一遍地重複這個過程。

從10個選項中選出的那1個，以及從700個選項中選出的那1個，兩者的品質必定是天壤之別。

在找不到有感覺的關鍵字，或是無法順利分析關鍵字時，**請別先急著感嘆自己「沒有好的關鍵字品味」，而是要想著自己「瀏覽的關鍵字數量還遠遠不夠」**。

偶爾會遇到有人突然停在車站的驗票閘門前，到處翻找他們的月票或車票儲值卡，這真的很令人困擾，如果他們早點準備，應該就能直接通過閘門了。關鍵字也一樣，**理想的做法是平常就先在腦中儲備好幾個關鍵字，而不是在閱讀前才慌慌張張地去找**。

讀到這裡，相信各位已經大致了解尋找關鍵字的方法與步驟了，但是還不能就此放心。

下一個步驟是「挑出含有預設關鍵字的書籍」，這一點將在第3章詳細介紹。

第3章

含有預設關鍵字的書籍挑選法

哪家「體育報」適合阪神球迷渡邊謙閱讀？

設定好關鍵字以後，下一步該做的事是「挑出會出現該關鍵字的書籍」。要在一本不含自己所需資訊的書裡找到關鍵字，這不管對誰來說都是一項極爲艱鉅的工作。大家一定都會想避免浪費時間和金錢「在沒有放入中獎籤的籤筒裡抽籤」。

在進入正題之前，讓我先來考考各位：

日本演員渡邊謙以身爲「狂熱的阪神球迷[1]」聞名，當他去便利商店買體育報時，請問下列6家報紙裡的哪一家最適合他購買？

❶日刊體育　❷Sports Nippon　❸體育報知
❹產經體育　❺Daily Sports　❻東京中日體育

正確解答是「❺ Daily Sports」。馬上就領悟個中道理的人，想必應該很了解日本體育報媒體的「特性」。

體育報所屬報社

- ❶日刊體育＝朝日新聞社
- ❷Sports Nippon＝每日新聞社
- ❸體育報知＝讀賣新聞社
- ❹產經體育＝產經新聞社
- ❺Daily Sports＝神戶新聞社
- ❻東京中日體育＝中日新聞東京總社

雖然乍看之下都是差不多的體育報，但每家報紙所屬的母公司皆不相同。《體

1 編按：「阪神」為日本職業棒球「阪神虎隊」的簡稱，其主場城市為兵庫縣西宮市，與後文提及總公司位在兵庫縣神戶市的「神戶新聞社」有地緣關係。

育報知》屬於巨人隊的母公司讀賣新聞社的系統，所以必定會有很多巨人隊的資訊。而《Daily Sports》是神戶新聞社旗下的報紙，總公司位在神戶，因此會刊登許多當地及阪神隊的消息。

在比賽後的第二天，除非有什麼驚天大新聞，不然《Daily Sports》的第1版到第4版都會被阪神虎隊獨占。我之所以知道，是因爲有時我的工作會需要閱讀《Daily Sports》，這都是我親身體驗的事實。

總而言之，《Daily Sports》以其版面「不爲所動」著稱。在2010年的南非足球世界盃，日本隊戰勝喀麥隆隊翌日，《Daily Sports》的頭版依舊是「阪神虎球員下柳剛結婚」（這曾被日本電視節目《松子＆有吉的憤怒新黨》的節目單元「新・三大Daily Sports調查會：不爲所動的頭版新聞」介紹而引發熱議）。這家報紙的報導優先順序是「阪神隊高於世界盃」，這一點是在別家體育報上所無法想像的。

因此，阪神狂粉渡邊謙若是閱讀《Daily Sports》，就能大量獲取他想知道的阪神隊新知。要是他不假思索就直接買下《體育報知》，便會發現「報上怎麼全是巨人隊的報導」；倘若他爲了合乎「世界的渡邊謙」形象而去讀《紐約時報》（英文報紙），也肯定沒辦法在上面找到阪神隊的新聞。

搞笑藝人搭檔SPEED WAGON的井戶田潤（出身愛知縣，中日龍球迷[2]）過去參演熱門電視節目《毒舌糾察隊》的「最愛讀體育報的藝人」特輯時，曾說他「最愛讀《東京中日體育》」。從「蒐集資訊」的觀點來看，這是很正確的資訊途徑。是阪神球迷就讀《Daily Sports》，是巨人球迷就讀《體育報知》，是中日球迷就讀《東京中日體育》。

要得到自己想要的資訊，選擇一個（你認為）會出現你所預設關鍵字的媒體很重要。同時，在閱讀上也必須做到這一點。

2 編按：「中日龍」指日本職業棒球「中日龍隊」，主場城市是愛知縣名古屋市，母企業為中日新聞社，並由旗下中日新聞東京總社發行《東京中日體育》等報。

「辦聚餐」與「選書」之間意想不到的共同點

在挑選含有預設關鍵字的書籍時，也可以大略參考一下當「聚餐主辦人」的各項要領。

舉個例子，假使要你擔當聚餐主辦人，你的第一步應該是選出「偏好條件」。例如地點要在某某車站附近、餐廳要居酒屋、有飲料暢飲、參加人數、包廂、一個人最多負擔多少錢……換個說法，就是在「設定關鍵字」。

你會在「GURUNAVI」、「HOT PEPPER」、「Tabelog」[3]等美食推薦網站上搜尋，查看符合這些關鍵字的店家，而後再從網站列出的結果列表裡，選出一家感覺不錯的店。在迄今為止的人生中，哪怕只主辦過一次聚餐的人，應該都是按照這個步驟進行的。

至於沒辦過聚餐的人，不曉得有沒有過「搬家」的經驗？找新家的時候，多半會先提出房租、格局、離最近的車站步行幾分鐘、衛浴分離、樓層不低於２樓、不需押金和謝禮、有大門自動鎖等「偏好條件」，最後再挑出合乎自己要求的房源。

無論是選餐廳也好，選住處也罷，**當人們有許多選項的時候，都會先設定好關鍵字，再去選擇符合條件的選項**。

這可以說是一種「放之四海而皆準」的做法。明明你的日常生活都已經下意識採用這種方法了，卻又不知為何「不把它用在閱讀上」。

任誰都會認眞專注地尋找好的餐廳或好的房源，卻往往在「選擇好書」上漫不經心。這也許是因爲閱讀是一件很個人的事（即使失敗也不會給別人添麻煩），而且一本書只要花１５００日圓左右就能買到（搬家則要花一定程度的金額）的關係吧。「做那些別人不去做的事」，就有機會與其他人拉開差距。

3　譯註：「GURUNAVI」、「HOT PEPPER」、「Tabelog」皆為日本著名美食推薦網站，類似台灣用於查詢美食資訊的「Google 地圖」或「食尚玩家」、「愛食記」等。

在「閱讀專站」裡搜尋整理好的關鍵字

挑選聚餐場地時，會利用「GURUNAVI」、「HOT PEPPER」、「Tabelog」等美食推薦網站；篩選房源時，則使用「SUUMO」、「HOME'S」、「at home」[4]等租屋平台。

同理可證，**選書的時候會使用到「Amazon」、「Booklog」、「Bookmeter」[5]等書評網站**。

❶在各網站首頁輸入設定好的關鍵字。

❷獲得含有該關鍵字的書籍列表。

❸從中選出想讀的書。

請藉由這樣的流程，**將「自身所需資訊」與「預計要讀的書」進行比對與磨合**。

然而，這裡列出的書籍頂多只是關鍵字有符合需求而已。

「閱讀好書的前提條件就是不要讀壞書，因爲生命是短暫的，時間和精力都極其有限。」

這是德國哲學家叔本華（Arthur Schopenhauer）說過的話，我們的確沒有時間可以把網站上列出的書全部讀一遍，既然要讀，當然想讀好書。

擔任聚餐主辦人時也是如此，主辦人不可能跑去美食網站上列出的所有店家踩點試吃，而是挑出好幾個選項，參考「店家口碑」，從中選出最適合的那一間。

現在這個時代，任何訊息都能在網路上調查到一定的程度，但是這些資訊都

---

4 譯註：「SUUMO」、「HOME'S」、「at home」皆為日本知名租屋及不動產交易網站，類似於台灣的「591租屋網」、「好房網」、「租租通」等。

5 譯註：「Amazon」、「Booklog」、「Bookmeter」皆為日本人發表書評心得的常用網站，類似於台灣的「博客來」、「Readmoo 讀墨」、「喵喵書評」等。

勝不過親身體驗。實際在該店用餐過的人，其心得感想才是選餐廳時的重要依據。因此，**在選書的時候，也請多多參考「讀者評價」來做判斷**。

只是，有一點必須多加留意。

參考「讀者評價」，詳細研究查到的書

在查看「網路評論」或「書評」時，有一點請務必時刻銘記在心，那就是**「你並不清楚這則評論是什麼人寫的」**。

比方說，在日本號稱「演藝圈美食王」的寺門 JIMON 跟渡部建給某家餐廳打了一顆星的評價，說「食物有夠難吃」，但也有人會對同一家餐廳給出五星評價，認爲這家店「非常好吃」——因爲這個人在衣、食、住三方面最不重視「食」，只要有吃飽就能滿足。也就是說，即使在同一家店吃了同樣的食物，評價也會因評論者的品評層級而大相逕庭。

同樣地，若是堪稱日本「讀書達人」的池上彰或佐藤優讀到本書，可能也會因爲書中內容都是他們早就知道的資訊而感到無趣。不過對於閱讀資歷尚淺的人，或是想著要從現在開始努力閱讀的人來說，本書說不定寫出了一些能讓他們有所收穫的新觀點。**就算對某些人而言是「理所當然的知識」，在我們自己看來也可以是「很有幫助的資訊」**。

此外，有些人會選擇避開那些一星、兩星評價很多的書，但其實**這些負評很有可能是該書相關的「競品公司」或「熟人」刻意洗出來的評價**。書賣得好，就會被那些蒙受損失的既得利益者攻擊，或是單純遭人妒忌，畢竟也有人會因爲看到自己認識的人變成暢銷作家衆星捧月而感到不滿。

俗話說「文如其人」，只要讀了評論，就能大致看出該評論者的智慧與性格。「剛開始讀 5 分鐘就把它扔進垃圾桶了」、「爛到只能當衛生紙用」、「直接拿來當作睡覺的枕頭」……會寫出這種汙言穢語的評論者，很容易想像得出都是些什麼樣的人。

如果職場或學校裡有這種老是口吐惡言攻擊別人的人，大家應該都會盡量離他們遠一點吧。選書也是同樣的道理，對那些惡言惡語的評論視而不見很重要。

那麼，在瀏覽評價時，究竟該以什麼來做判斷標準才好呢？

透過評價找出好書的判斷標準

——要看「客觀事實」，不看「個人心得」

買到的食物「好不好吃」，讀到的書「有不有趣」，這些說到底都只不過是發言者的「個人心得」。網站上的「星星數量」也是如此，而且沒有什麼東西比這些星星更不可靠又不可信了。

「五星」好評有時候全是刷出來的假評論，爲數不多的「一星」負評也有可能才是正中紅心的事實。「僅僅因爲 Amazon 上的評價很好就訂購」是一個非常危險的行爲。

由於閱讀是出於個人喜好而做的事，所以要在「自己內心」建立一套判斷標準，別被他人的主觀思維所誤導。

因此能夠讓我們參考的評論是**「客觀事實」**。拿餐廳來比喻的話，客觀事實的描述類似這種感覺：

「在澀谷的『列加多（Legato）』餐廳，一走出電梯就有服務生過來詢問『請問需不需要寄放外套呢？』」（《就是喜歡店長這一點：讓店家擄獲人心的60種服務》暫譯，原書名《店長さんのここが好き 愛されるお店をつくる60のサービス》，中谷彰宏）

我也去過列加多餐廳，他們的確有上述的迎賓服務，「在入口處寄放外套再進餐廳」是一件客觀事實，而「接待店員的態度好或不好」則是個人心得，決定要不要去這家店的判斷標準一定要是前者才行。

【客觀事實】判斷時以此為本

・上菜快／慢
・服務生一招呼就來／完全不過來
・店內乾淨整潔／骯髒凌亂
・店員大聲喧嘩、店員不說「歡迎光臨」

【個人心得】僅供參考即可

・餐點好吃／難吃
・食物分量多／少
・價位高／低
・店內氣氛好／壞

日文片假名的「ソ（so）」和「ン（n）」的字形非常相似，乍看彷彿是同一個字，但仔細分辨就能發現兩者之間的區別。

書評也一樣，我們必須**在混雜「個人心得」與「客觀事實」的文章中好好辨別其中的差異**。

【客觀事實】判斷時以此為本

- 書上寫了什麼

【個人心得】僅供參考即可

- 內容有趣／無聊
- 有許多嶄新見解／全是已知舊論
- 喜歡／討厭書中文字風格或敘述節奏

大提示。

閱讀領域的客觀事實是書本身的內容。換句話說，就是「書上寫了什麼」。若要在讀一本書之前辨別其內容如何，「多數人在書評上寫的關鍵字」將是一

留心評價中頻繁出現的「關鍵字」

舉個例子，讓我們來看看本田健這本《你只能實現你決定好的未來》（暫譯，原書名《決めた未来しか実現しない》）在網路上的評價（※部分內容有改動）。

- **願望會合處**的想法令人驚嘆。
- 只要訂好**願望會合處**，便會爲日常生活帶來**共時性巧合**。
- 本書講述的是關於利用**共時性巧合**來取得成功的法則。
- 決定好**願望會合處**以後，**共時性巧合**似乎就會到來。

- 當**共時性巧合**發生之際，有沒有足以感受到它的感性很重要。
- 重要的是明確列出自己的願望，並設定**願望會合處**。
- 我想追逐**共時性巧合**，每天都爲此激動不已。
- **共時性巧合**的概念我眞是深刻體會到了。
- 我想要設定**願望會合處**，引發**共時性巧合**，實現我的心願。

雖然只讀這些評論無法得知書中的詳細內容，但多少可以推測出這本書談到了「願望會合處」與「共時性巧合」。

毫不相干的人們不可能會不約而同地寫下一個在正文內不曾出現任何一次的關鍵字，因此**「多數人在評論裡寫到的關鍵字」就是「該書實際提到的內容」**。

倘若對這個「客觀事實」感興趣，希望進一步了解更多資訊，就可以去讀這本書；如果完全無感，或是覺得跟自己原本想的不太一樣，那可以先觀望就好。把頻繁出現的關鍵字當成一個提示，最後再自己做出判斷，這一點很重要。

嘗試預測讀者閱讀本書後可能會寫的評論

說不定讀完本書的讀者也會寫下一些書評（如果有的話就太感謝了）。因此雖然有點性急，但我嘗試預想了本書讀者有可能會寫的評論。首先就從提及作者簡介的部分開始：

★☆☆☆☆
作者好像才**30多歲**，要出這本閱讀方法的書還太年輕了。我覺得這個領域應該是由池上彰或佐藤優那種有一定年紀，而且人生閱歷豐富的人來寫比較好。

★☆☆☆☆
作者說她**30多歲**讀了**3500本書**？但在下讀過的書都已經超過1萬

本了，不得不說她還太嫩啦。

★☆☆☆☆

作者說她讀了**3500本書**，不過閱讀應該是「重質不重量」吧？這個世界上，有些書的價值可是高到1本就能抵1000本喔。

雖說這3個人都給人一種「毫無顧忌，暢所欲言」的感覺，不過我們得有自覺，了解自己有多容易受到別人主觀看法的影響。那種只看星評數量，認為「連續3則都是一星負評，還是別讀這本書吧」的人，就不在這次討論範圍之內了。

之前我們提到過，讀評價時該留意的是**「多數人寫到的關鍵字」**。

到目前為止，頻繁出現的關鍵字是「30多歲」和「3500本書」。作者現年30多歲，至今讀了3500本書。如果你的年紀在20歲左右，就是比我這個作者「年輕」；50歲上下的讀者，則是比我「年長」。若是像自稱「在下」的評論者已經讀了1萬本書，那我的閱讀量就「很少」；可是對於最近才剛開始對閱讀有興趣的人，這樣的閱讀量就「很多」了。知道這幾點以後是否還想讀一讀，這得靠自己來判斷。

在日本2018年的大學醫學院入學考試中，曾有因爲考生「是女生」就被判定不合格的問題。僅憑性別就來決定考生是否合格，各位不覺得這的確很不合理嗎？

只看作者簡介就給負評也是同樣的道理。因此前面提到的3則書評只需輕輕帶過，該關注的是像下面這種有提及一本書最重要的「內容本身」的評論：

◎我是第一次聽說**剪報**這種工作。一整天都得邊找**關鍵字**邊讀文章，感覺好辛苦喔，但是這工作應該很適合喜歡文字的人。

◎書中說閱讀之前要先在腦海裡設定**關鍵字**，然後帶著這種「像在搜尋資料的感覺」來閱讀內文。這麼說來，平常我在網路上搜尋資料的時候，的確會先輸入**關鍵字**才獲得資訊，原來就是這種感覺啊。

◎作者把她在工作中學到的**剪報**訣竅搬到讀書上來用了，正所謂「掌握**關鍵字**的人才能掌握閱讀」。

◎我充分明白自己至今閱讀時是真的什麼也沒想。從現在開始，我要學著設定**關鍵字**，然後用「一人**剪報**」的那種感覺來閱讀。

儘管這些書評全是我自己臆想的，但如果看到這樣的評論，就可以推論出「剪報」與「關鍵字」是這本書的兩大主題了。

「剪報」這個詞跟前面的「願望會合處」一樣，都是不去讀書中內容就有可能無法理解的詞彙；但也正因這是沒聽過的新詞，所以有機會帶給我們全新的價值觀。一旦內心抱有一絲這樣的期待，就會「買下」這本書。

如何快速揀選出讀者評論中的常見關鍵字？

讀到這裡，各位應該已經清楚知道在瀏覽讀者評價時，「只需注意經常出現的關鍵字即可」了吧。

問題是，在眾多評論裡找出關鍵字也要花不少時間。如果有一個功能可以自動快速簡便地告訴我們「常見關鍵字」是什麼，不覺得很棒嗎？

事實上，Amazon 就有這個功能[6]！

在 Amazon 網站上查看消費者評價時，點擊書名下方的「……評論」，畫面就會跳轉到評論欄位。此時請注意右邊最上方的區域，可以看到「讀一讀你喜歡的主題評論」這個標題底下列出了好幾個關鍵字，這些都是「眾多評論者所使用的關鍵字」。

以前述本田健《你只能實現你決定好的未來》在 Amazon 上的消費者評價

爲例，「願望會合處」和「共時性巧合」都在關鍵字列表裡。**即使我們沒有把評論從頭讀到尾，系統也會自動統計及顯示人們頻繁使用的關鍵字**。眞不愧是Amazon，如此了解使用者的需求。

在點擊「……評論」後跳出來的畫面中，我想大部分的人可能更容易注意到左邊的「星星數量圖表」，不過還請各位從現在開始嘗試有意識地查閱右邊的「讀一讀你喜歡的主題評論」。

判斷一本零評價「新書」是否為好書的技巧

雖然Amazon的這個功能相當方便，但它唯一的缺點就是「必須要有一定數

---

6 譯註：目前（2024年4月）可知Amazon網站已無提供此功能。

量的評論才會顯示」。要提取「衆多評論者所使用的關鍵字」，就必須有「衆多的評論」作爲基底才行。

一本新書不管有多高的話題度，剛上市時的評價都寥寥可數。如果無論如何都想要馬上閱讀那本書，**那麼請直接到書店翻閱，親自靠自己的雙眼來確認關鍵字**。

你可以試著大致翻閱一下整本書，若有翻到「自己設定好的關鍵字」或「讓自己感興趣的關鍵字」就「付錢買下」，要是所有關鍵字都被埋沒在文字之間，那就先「擱置不買」。

我覺得這是懂的人就懂的一種直覺。不知道各位逛書店的時候，有沒有彷彿被某本書呼喚過去，雙眼直直對上書名的經驗呢？

雖然我沒辦法透過理論來解釋這種感覺，但它是眞實存在的。或許可以說是在那個當下的自己遇到了「志同道合的書」。

同樣地，那些能觸動我們心弦的關鍵字倘若眞的存在於那本書中，它也會自然而然地吸引我們的目光。在書店挑書的時候，建議試著全神貫注地挑戰一下「快速翻閱」的效果。

在閱讀前，先到「問答平台」搜尋帶有預設關鍵字的提問

參考讀者評價，比對「自身所需資訊」與「預計要讀的書」，並從中找到一本中意的書以後……雖然可以馬上開始閱讀，但若時間上有餘裕，希望各位務必再做一次「預習」。

人們讀商管書的理由是想改變自身「不足之處」或「做得不好的地方」，而在這個廣闊的世界裡，很多人都有和我們一樣的困擾。

因此，我希望各位先查閱「問答平台」。**請試著預習一下，輸入你訂定的關鍵字，看看其他人在這方面有什麼答案（解決辦法）**。

此時可以運用前面第2章介紹過的——方便程度驚人的「**關鍵字規劃工具**」。這個網站不但可以一口氣顯示700個Google提供的建議關鍵字，還能爲我們列出日本的問答平台「日本Yahoo! 知識+」與「請告訴我！goo」上含有該關鍵字的提問。

舉例來說，若輸入「閱讀　輸出」兩個關鍵字，該網站就會顯示「請教我能牢記閱讀內容的輸出方法」、「我想好好研讀書中的內容然後輸出所學，可是讀著讀著，前面的內容都忘光了，怎麼辦？」等使用者提問，你可以預先了解其他人在這些問題上給出了什麼樣的答案，之後再開始閱讀有關閱讀術的書。

「既然都在網路上找答案了，那還有必要閱讀嗎？」或許各位會萌生這樣的疑問，不過其實網路上的訊息品質良莠不齊。在與醫療相關的提問底下，即使回答者自稱現役醫師，但也沒人能保證他是一名眞正的醫生。而在現實中過度肥胖的人，也有可能在減重的問題下提建議。

閱讀相關的煩惱問答也一樣，我們無從知道回答者的身分經歷。就算是平常從不讀書的人，只要他們想，就有辦法寫出看似像樣的答案，對這些回答信以爲眞並付諸行動的風險非常大。

因此我們需要閱讀那些已公開作者資歷與實際成就的書，以便從中取得「可信度高的資訊」。

畢竟是以書籍的形式出版面世，所以比起那些問答平台上寫的回答，書中內容應當能提供更專業、更有系統的知識來讓我們學習。即使是「閱讀時要留意關鍵字」這樣短短一行的答案，也是由把它視爲「營生技能」的我，在深入研究後才寫了這麼一本書出來。就請各位試著以「拜讀作者本領」的心態來閱讀吧。

閱讀有九成是「事前準備」

到目前爲止的第 2 章、第 3 章都是閱讀的「事前準備」。

恐怕迄今各位都是跳過這個過程，直接就進入正題開始閱讀，所以才沒能取得任何成果（未能掌握資訊）。

以馬拉松比賽爲例，一旦不練習就直接上場參賽，那自然不可能跑出好成績。

馬拉松選手高橋尙子曾在雪梨奧運奪得金牌，並於隔年的柏林馬拉松大賽創下當時的世界紀錄 2 小時19分46秒。在比賽開始前，她留下了這麼一句話：

「我不知道我至今到底跑了多少公里，但現在只剩下42公里了。」

我想在那一天之前，暱稱爲小Q的高橋選手一定經歷過我們難以想像的嚴苛練習，一次又一次地付出艱苦卓絕的努力。**「萬全的準備會帶來好結果」，這句話對於跑馬拉松跟閱讀都是一樣的**。我稍微改寫小Q的這句名言，並贈送給各位：

「我不知道你至今到底做了多少調查，但現在只剩下200頁了。」

訂定關鍵字。

選擇一本可能含有該關鍵字的書籍。

利用問答平台預習答案。

到這裡，各位應該已經能充分運用數位資料（網路），拚命調查一番了吧。接下來只需再做約200頁的模擬（閱讀）工作就能產出結果。從接下來的第4章開始，我們終於要進入實踐階段了。

第4章

更新關鍵字的方法

就算花不少時間挑書，也有不如預期的時候

在記住關鍵字並實際展開閱讀以後，會遭遇各式各樣的情況。

第一是書上出現很多自己訂定的關鍵字，順利得到了想要的資訊，這正是最理想的閱讀狀態。一旦能接觸到通俗易懂且體系完整的知識，就會產生「有讀這本書眞好」的滿足心情。即使是已知的事物，只要明白其科學根據，這些知識就能成為自信的基石。

以馬拉松比賽來比喻的話，就像是順利按照預定計劃奔跑，最終跑出了自己的最佳成績一樣。

但遺憾的是，現實的閱讀過程不一定總是如此順遂。即使花了很多時間調查，努力選出與自己訂定的關鍵字一致的書本，有時也沒辦法得到想要的結果。

好比跑馬拉松時，沿路有人對你喝倒彩（關鍵字被作者否定），跑到一半配速員突然不見人影（關鍵字不再出現），又或是出現了新的競爭對手（關鍵字）……

事情愈是不如預期，心態的轉換就愈重要。

該如何在閱讀的同時應對這些情況呢？接下來我會分別就不同狀況予以說明。

雖然預設關鍵字有出現，卻被作者本人否定時怎麼辦？——狀況❶

假如你爲了提高自家公司產品的銷售額，決定要來學怎麼行銷，於是閱讀前先在腦海裡設定了「行銷」這個關鍵字。

▼閱讀前訂定的關鍵字＝行銷

在行銷的領域中，有一個衆所周知的策略框架叫做「行銷４Ｐ」，意指Product（產品）、Price（價格）、Place（通路）、Promotion（促銷）這四大要素。如果此時有一本深入剖析這「４Ｐ」的書籍，你一定會覺得它正中下懷吧？

因此，你懷著對書中介紹 4P 內容的期待，開始讀起身爲日本財經記者兼企業家的木暮太一所撰寫的《該怎麼做才能大賣？》（暫譯，原書名《どうすれば、売れるのか？》），然後發現書中有這麼一句話：

「在構思行銷策略之前，須先思考商品本身。」

你想學的是行銷本身才對。明明興致勃勃地下定決心要學行銷知識，卻突然被告知「在那之前還必須考量別的東西」，不覺得彷彿被潑了一盆冷水嗎？

這就是設定好「行銷」這個關鍵字，卻遭到作者本人否定的情況。那麼，此時該怎麼辦才好？

只要「目的地」相同，就堅持到最後

這裡我先舉另一個很容易理解的例子來說明。比方說，你爲了登上富士山而買了一本登山指南書。富士山一共有 4 條攀登路線：❶吉田路線、❷須走路線、❸御殿場路線、❹富士宮路線，其中「吉田路線」的受歡迎程度遠超其他路線，而且山屋跟救護站的數量都很多，是你預計要攀登的路線。

▼閱讀前訂定的關鍵字＝吉田路線

不過翻開指南書開始讀以後，你發現作者最喜歡的路線是能以最短距離登頂的「富士宮路線」，整本書翻來翻去都是富士宮路線的解說。不僅如此，書上還寫著「吉田路線是 4 條登山路線中登山客人數最多的路線，在山頂附近會發生『御來光人擠人』[1]的狀況，所以並不推薦這條路線」。這也是另一種設定好的關鍵字被作者否定的情況。

1　譯注：「御來光」是指高山特有的日出美景，此處的「御來光人擠人」則是因富士山的日出之美往往吸引眾多人潮前往。

這邊我們必須考量的是：你的「最終目標」（即「目的」）是否與作者相同。

你的目標是「登上富士山頂」。想達到這個目標，一定得選擇吉田路線才可以嗎？只要冷靜思考一下，就能知道走富士宮路線也未嘗不可。

「既然作者這麼推薦富士宮路線，那就給我好好解釋一下原因啊！」

不好意思，這裡的措辭顯得有些粗魯無禮了。**在關鍵字被否定的時候，其實只要抱著考驗作者的打算，用有一點居高臨下的態度，想著「那我就看你能給出什麼替代方案」來閱讀就可以了。**

任何事情都不可能只有一種答案，可以抵達目標的路徑有無數條。意思是，在別人提出一個我們不曾想過的想法時，其實可以試著傾聽看看。

若是最終目標相同，終究可以「實現自己想做的事」、「成爲自己想成爲的模樣」，那麼就不要中途放棄，而是**暫且遵循作者推薦的關鍵字尋找答案**。總之就先嘗試從這本指南書裡蒐集富士宮路線的資訊。

▼腦中關鍵字＝從「吉田路線」更新爲「富士宮路線」

現在讓我們回到前面提到的行銷案例。

你的目標是「提高自家公司產品的銷售額」，因此你決定學習行銷手法，此時作者卻告訴你「在構思行銷策略之前，要先思考商品本身」。因爲這本書的書名是《該怎麼做才能大賣？》，所以書上理應有寫到銷售商品的方法。換言之，你與作者的最終目標是一樣的。這代表你應該堅持繼續讀下去。

▼腦中關鍵字＝從「行銷」更新爲「商品本身」

「既然學行銷前一定要先思考『商品本身』，那就給我好好解釋你的理由啊！」

雖然腦中的措辭又開始粗暴了起來，但還是要暫時把腦海裡的關鍵字「行銷」更新爲「商品本身」，然後試著了解一下作者的替代方案。

這麼一來，你會發現：

- 如果商品本身沒有魅力，一切就都無從談起。
- 沒有魅力的商品，再怎麼宣傳也賣不出去。
- 就算狂播電視廣告洗腦，人們也不會買本來就不想買的商品。
- 因此第一步是要讓商品本身充滿魅力。
- 必須讓這件商品具備能吸引人的本質。

其實作者這樣的解說條理清晰，非常好懂。

只要試著以本書套用這些道理就很好理解了。雖說我想盡量讓更多的讀者讀到這本書，但只要書的內容不夠有趣，那不管我在報紙上登了多少廣告，還是要求書店把這本書放在最顯眼的位置，都一樣賣不出去。正如那些被經紀公司強行力捧的藝人不會永遠走紅，「沒有內容的書」也很難僅靠出版社的力量成為暢銷書。

在閱讀前，本來以爲「能提升銷售額的方法就是學習行銷手段」是正確的思路，但讀完書以後發現，其實精心雕琢商品本身才是最重要的事情。

儘管關鍵字遭到否定，但「因為目標相同」而堅持傾聽作者的主張，結果自己至今為止的固有思維直接被推翻，大腦由於接收到截然不同的看法而豁然開朗。

我覺得這也是閱讀重要的一面，亦可說是一種閱讀的醍醐味。

預設關鍵字完全沒出現該怎麼辦？——狀況❷

有時就算訂好關鍵字開始閱讀，書中也有可能完全沒出現（或讀到一半就再也不出現）那個關鍵字。

這個世界上的確會有那種書名與內容完全不一致，或是跟書名有關的內容「整本書裡只有1章」，甚至「只有幾頁」的書籍。

以本書第1章的《村上座談會》爲例，這就像是春樹在書的前半段對談就離席不歸的情況。這樣一來，書籍後半段自然不會再出現「春樹」這個關鍵字。身為村上迷的讀者大概會很想抱怨個一兩句吧，搞不好還會開始怨嘆選了這本書來看的自己「太容易上當」。

然而平時在使用Google搜尋的時候，一旦沒有出現自己想要的搜尋結果，通常就會立刻更改關鍵字再重試一次，而不是抱怨「Google怎麼老是顯示一些沒用的資訊，給我振作一點啊」。網路跟書籍都同樣是透過文字媒體來獲得資訊，既然如此，那麼**閱讀也一樣可以臨機應變地調整關鍵字**。

是故，我想在這裡用一個我閱讀時更改關鍵字的實際經驗來說明。

不曉得各位知不知道珍妮佛．斯科特（Jennifer L. Scott）的著作《向巴黎夫人學品味：Madame Chic的20堂優雅生活課》[2]呢？日文版的書本封面是令人印象深刻的蒂芙尼藍，還因此成為暢銷書，想必很多人都讀過。

這本書的日文版書名是《法國人只有10件衣服》，當我第一次看到這個標題時，還以爲這是一本談「整理術」或「斷捨離」的書。作家林眞理子曾經戲稱自己家衣櫃裡的衣服山爲「聖母峰」，當時我家也有一座類似「高尾山」[3]的衣服山。

雖說平常衣櫃門都關著，我看不到裡面的「高尾山」，但我內心的某個地方一直惦記著這個「只爲隱藏高尾山而存在的衣櫃」。這時我聽聞這本書的存在，日文版的發售日又恰巧是10月衣服換季的時期，於是滿心「想要夷平高尾山」的我就買下了這本書。日本氣候四季分明，所以我很明白自己不可能只留下10件衣服，可我仍然希望能從這本書裡獲得一點點能夠減少衣服總數的提示。

---

2 編按：原英文書名為*Lessons from Madame Chic*，日文版書名則為《フランス人は10着しか服を持たない》（意即「法國人只有10件衣服」）。

3 編按：高尾山位於日本東京都西部，是鄰近東京都心且交通便利的觀光勝地。

▼閱讀前訂定的關鍵字＝衣櫃、減少衣服、斷捨離

然而……開始閱讀以後我意識到，這並非談論「整理術」的書，而是美國人作者去法國留學的「經驗談」。書中依各主題介紹法國人有品味的生活方式（日常飲食、室內裝飾、運動鍛鍊、妝容造型等），卻只有一個主題提到「衣櫥」。

在作者寄宿的家庭裡，家中衣櫃相當小，櫃門打開來裡面只掛著大約10支衣架。書中針對衣櫥裡一共10件的衣服詳細描寫，讓我讀得十分津津有味；只是我原本想知道的是減少衣服數量的「具體方法」，感覺這本書卻使我空歡喜了一場。

那麼，我該怎麼辦？

先讓我稍微偏離主題一下，我跑馬拉松是出於興趣（或許各位會覺得我至今已經舉了太多的馬拉松例子也不一定）。到目前為止，我已經跑完了21場的全程馬拉松，最佳個人成績是3小時41分鐘。我也參加過檀香山馬拉松及黃金海岸馬拉

松這些國外的比賽，甚至還打算去歐洲參賽。我的備選賽事是柏林馬拉松、倫敦馬拉松，同時也有在考慮「巴黎馬拉松」。

我希望有朝一日要參加一次巴黎馬拉松。等到時機成熟，我就要去買《地球步方》旅遊書，學習法國的文化與禮儀。我想事先了解法國人的生活方式，而寫有這些內容的書就在我眼前。

「那爲什麼不現在就開始學呢？」

▼更改後的關鍵字＝法國文化、法國禮儀、法國人生活方式

爲此，我決定在書讀到一半的時候變更關鍵字。

之前那些在「衣櫥」以外被埋沒的內容也隨之綻放光芒，突然躍入我的眼前，這眞的很不可思議。

「法國人不會邊走邊吃」（那我也試著戒掉這個習慣），「在法國，同一件衣服一週穿兩、三次很正常」（所以我只要帶最低限度的衣服數量去就好）。

能夠像這樣預習我未來的巴黎遠征之旅，就結果而言，這是一次令我心滿意足的閱讀體驗。

在腦海裡預存大量的「潛在關鍵字」

打個比方，假如平常公司午休時你都會去同一家餐廳用餐，但今天到了店門口卻發現上面貼著「今日臨時公休」的告示。你可能會有一瞬間因爲這預料外的情況而不知所措，但只要附近還有其他你知道的餐廳，便能毫不費力地解決這個問題。要是改去的第二家店餐點很好吃，那飯後你也許會這麼想：

「雖然跟我原本想的不一樣，但這樣也很不錯。」

這就是我讀完《向巴黎夫人學品味》時所抱持的心情。即使沒辦法去「心目中第一名的餐廳」，沒辦法取得「內心最想知道的資訊」，**但只要靈活運用那些儲備在自己心中的「想去吃的餐廳」或「想知道的資訊」，就可以把「跟我原本想的不一樣」改寫成「這樣也很不錯」**。

那些儲備好的「想知道的資訊」，只需把它想成「潛在關鍵字」即可。「潛在」的意思是「從外面看不到，隱藏於內部的存在」，而「巴黎馬拉松」對我來說正是如此。雖然不是發自內心渴望這份資訊，平日也不曾特別意識到這件事，但它的的確確是我內心渴望實現的一個夢想。

有時間的話會更仔細調查的資料、擱置在一邊但很掛心的事物、列入「稍後要做」的待辦事項。

擅長閱讀的人**在發現找不著自己「內心最想知道的資訊」時，就會轉而從內心深處挖出這些「潛在關鍵字」，並將其與眼前書上的內容連結起來**。

因此不管是什麼書，他們都可以從裡面獲取自己所需的訊息。

明明心裡掛念著，卻因「不太緊急」而推遲的事、未能好好面對而逃避的事。**所謂的「潛在關鍵字」，或可說是「非緊急但重要的事項」**。根據史蒂芬・柯維博士（Stephen R. Covey）的著作《與成功有約：高效能人士的七個習慣》所述，這些「非緊急但重要的事項」的完成程度將決定一個人的人生。

設定好的關鍵字完全沒有出現，無法按照自己預期的方式取得資訊，這正是與自己內心那些「非緊急但重要的事項」對峙的絕佳時機。**在閱讀的過程中「能挖掘出多少潛在關鍵字」將決定今後的人生**，就算是這麼說也不爲過。

我們是因爲有緣才遇到手上這本書。儘管內容（以打棒球來說，就是球種）跟自己想像的不同，也不要馬上闔起書本（乾脆俐落地揮空），而是持續執著不懈地改變關鍵字（想辦法擊中球），最後你便能帶自己來到「這樣也很不錯」（等同於全壘打的書）的閱讀境地。

閱讀過程中

對新的關鍵字產生興趣時怎麼辦？──狀況❸

2018年6月8日，我去參加了在東京國際論壇大樓舉辦的一場「奧運音樂會」。一邊聽著管弦樂團的現場演奏，一邊觀賞歷屆奧運的錄製影片，還能聽到平昌冬奧獎牌得主的演說，這眞的是一場對我而言相當奢侈的活動。我會參加這場活動，主要是爲了競速滑冰選手小平奈緒與高木姊妹。

▼**行前訂定的關鍵字**＝小平奈緒、高木菜那、高木美帆

活動進行到一半時，歌手森山直太朗作爲嘉賓出場，當時他演唱的〈現在就是人生〉實在精彩絕倫。

氣勢磅礡的管弦樂、ＮＨＫ東京兒童合唱團的和聲，配上森山歌手壓倒性的聲量，這三種聲音完美融合在一起，演繹出震撼人心的舞台，十分令人感動。這場演出讓我滿腦子只剩下「直太朗」一人。

▼新追加的關鍵字＝森山直太朗

一心一意朝向自己心目中真正的關鍵字前進，結果最後卻添加了本來不曾占據自己大腦任一角落的新關鍵字，類似這樣的現象也會在閱讀時發生。

或者可以說，**內容愈豐富充實、專有名詞愈多的書，就「愈常發生」這種情況**。

訂定關鍵字以後，再去閱讀具有相關關鍵字的書，這個方法也許會讓人覺得「這樣讀書真的沒什麼意思」或是「只蒐集得到對自己有利的資訊」，但是會對那些與關鍵字無直接相關的事物感興趣是人之常情。

譬如本書讀者中，我想應該沒有人是在閱讀前就設定了「剪報」這個關鍵字。

相反地，「完全沒聽過有這種工作」的人幾乎占大部分。事實上，在用第 2 章介紹的「關鍵字規劃工具」網站查詢「閱讀」搭配「五十音」的建議關鍵字時——

閱讀×五十音く

……靠枕、空間、古典、脖子痛、痛苦、鑽研……

（原文：クッション、空間、クラシック、首が痛い、苦痛、工夫）

「剪報」並未出現在其中，成爲我們預測有可能變更的潛在關鍵字，但可能有讀者在閱讀到這裡的過程中，漸漸對這個關鍵字感興趣了也不一定。對於那些鉛字中毒的閱讀愛好者來說，從早到晚都能閱讀文章，還能藉此賺到一筆錢，這簡直就是像做夢一樣的「夢幻工作」。就算有一兩個人想了解這份工作，覺得躍躍欲試，那也不奇怪吧。

另外，目前我們列舉了許多案例解說，比如在這第 4 章裡提到的「登富士山」、「巴黎馬拉松」、「奧運音樂會」等等，說不定會有人對這些主題有興趣。

▼在閱讀本書的過程中，（推測你會）追加的新關鍵字＝剪報、登富士山、巴黎馬拉松、奧運音樂會……

那些會讓你目光停留的關鍵字都是有原因的。

可能是你從以前就很在意的事物，抑或是與你生活息息相關的東西。雖然你沒有自覺，但也許這就是你實際上一直在追求的對象。這些關鍵字就如同賈伯斯（Steve Jobs）所說的**「點與點的串聯（Connecting the dots）」**，將會成爲我們未來人生事件的「伏筆」。

「人心如天氣」、「翻臉如翻書」，這些諺語都在比喻人心的易變，而我們的價值觀與喜好也會在閱讀一本書的短短幾個小時中慢慢發生變化。

《村上座談會》也一樣，儘管一開始是衝著「春樹」而讀，但慢慢從書中對話感覺到「龍」的個人魅力，還發現「昭二」的笑話有點讓人上癮，「佳菜子」可愛至極，就連不太熟悉的「悠子」也意外說出很不錯的觀點。閱讀時這些心境上的變化經常發生。既然如此，我們只需要在中途更新關鍵字，把「村上春樹」換成「其他感興趣的人物名稱」再繼續讀下去即可。

能夠邂逅意想不到的「NEW WORD」是閱讀的魅力之一。請別忽略那些自己感興趣的關鍵字，同時持續不斷地為大腦追加更新。

雖說基本的做法是在閱讀前訂好關鍵字並拚命搜尋，但也建議各位在過程中以這種享受偶然相遇的心態閱讀。

暢銷書關鍵字的特徵

那些有可能暢銷的書，往往都會拋出與我們預期迥異的**「驚人關鍵字」**。

這些迄今爲止從未有人提過的想法或切入點，最初也許會讓人感到彆扭，但實際嘗試以後就會發現事情愈來愈順利，又或是單單讀起來就足夠有趣。讀者的大腦迴路會被這些新思路重新改寫，可說是一種「大腦革命」的狀態。

有一個簡單易懂的例子是近藤麻理惠的《怦然心動的人生整理魔法》。我想應該大家都多少耳聞過這本書的全球銷量吧？這是一本售出逾1000萬本的超級暢銷書，各位一定會有印象的。

麻理惠拋出的關鍵字是「怦然心動」。

由於這是一本介紹整理方法的書，因此很多人在翻閱之前設定的關鍵字是：

▼**要整理的物品**→衣服、文件、餐具、玩偶、郵件、書

▼**要整理的場所**→廚房、客廳、衣櫃、辦公桌、臥室

人們的腦海裡浮現自己家中凌亂的場所和物品，開始想知道該怎麼妥善收納而拿起這本書——此時，作者端出了「怦然心動」這個關鍵字。

「把物品一一拿在手裡，留下那些會讓自己怦然心動的東西，丟棄那些未能心動的東西。」

在這之前，「怦然心動」一詞通常用在做喜歡的事、遇到喜歡的人、吃到喜歡的美食等情況上，然而麻理惠卻把這個詞彙與整理收拾這種既麻煩又帶有負面含意的工作結合在一起。這個想法很新奇，而且不必花一分錢，任何人都能輕易做到，因此才會成為暢銷書吧。

最近有本書叫做《遺憾的進化》，作為與「生物」搭配的關鍵字，若是「可愛」、「珍稀」或「強壯」都很容易理解，但作者選擇了「遺憾」一詞。這也是相當嶄新的切入點，對吧？

以前我曾去過一次表參道的猿田彥咖啡館，那裡陳列了1500本由選書師幅允孝精心挑選的書籍，當時我偶然在自己座位旁的書架上看到這本《遺憾的進化》。我試著把它拿下來翻閱看看，發現這本書實在太有趣了！書中那些令人忍不住吐槽「怎麼會往這方向進化啊」的內容，不只能讓小孩讀得開心，大人也能從中學到很多知識。這樣會暢銷也是天經地義吧。

除此之外，也別忘了有一本《便便漢字練習簿》（暫譯，原書名《うんこ漢字ドリル》）。一般來說，看到「練習簿」這三個字會想到的關鍵字是「學科」、「難易度」和「適用學級」，但萬萬沒想到作者挑選的竟然是「便便」。這個詞彙雖然低級，但是小朋友都超喜歡。要是把「便便」改成「甜甜」或「翩翩」這種優美的關鍵字，那我想這套練習簿系列書就不會賣得這麼好。

這些書之所以能暢銷，正是因爲作者與編輯拋出的「驚人關鍵字」被大眾所接納。在閱讀的同時探尋這些關鍵字的意義，也有助於讀者學習行銷的技巧。假如推出一款商品名叫「拿在手上怦然心動的遺憾便便」，或許會大賣……也說不定呢（笑）。

做剪報時沒找到「關鍵字」該怎麼辦？

寫到這裡，我已經介紹了幾個在閱讀過程中發現無法取得「自己心目中的關鍵字」時的應對方法，例如**「嘗試遵循作者推薦的關鍵字」**、**「連結自己腦中的潛在關鍵字」**以及**「追加令自己感興趣的全新關鍵字」**。

在實際的剪報工作中，偶爾也會出現在報章雜誌上無論如何都找不到客戶委託關鍵字的情況。我在第2章舉了一個案例，提到「安室奈美惠退出歌壇」與「Heru減重食品新品發表會」撞期，導致新產品的新聞未能如期刊登。這種與重大新聞撞期而無法登報的狀況雖是莫可奈何，但有時候也可能是媒體本來就不打算刊載。

人類是很容易高估自己，自我感覺良好的生物。「我們公司發表了新產品，應該會成爲一篇大新聞」，想是這麼想，但報紙跟網路不同，其版面空間是有限的，因此若消息本身並不具有新聞性或社會價值，就會被擱置一旁。

根本找不到含有指定關鍵字的報導，但是調查費用該收還是得收。身爲客戶，總不能就這樣忍氣吞聲，哭著入睡吧？於是公司會主動與客戶協商，建議客戶更改關鍵字，這種情況絕非罕見。

更改關鍵字的方法有二。

一種是把原本的關鍵字換成更容易曝光、更好想像，但是完全不同的關鍵字。另一種則是把委託內容改成「主題研究」，這種主題研究的方式其實也可以應用在閱讀上，非常有幫助。

接下來的第 5 章，我會詳細說明「主題研究」到底是什麼樣的服務、其與關鍵字調查的差異，以及具體該如何套用在閱讀上。

第5章

藉由閱讀吸收更多資訊的祕訣

到處畫情架設你的兩種天線

正如我們前面多次強調的，剪報公司會按客戶想知道的資訊來訂定「關鍵字」，並據此承接訂單，這叫做**「關鍵字調查」**。公司其實另外還有推出一項業務，那就是名爲**「主題研究」**的服務。

關鍵字調查是爲了獲取客戶所需的精確資訊，主題研究則像是找出「某件事的相關報導」，類似於研究該關鍵字所屬的「業界整體動向」。

「有哪些棒球選手正在美國大聯盟表現活躍」、「最近流行哪些偶像」、「日本全國各地的吉祥物都出席了哪些活動」……這些在主題研究中蒐集到的資訊，最後成功挖出了關鍵字「大谷翔平」、「AKB48」與「熊本熊」。主題研究擔起「肥料」的責任提供養分，以便讓客戶心目中的關鍵字開花結果。

專業調查員在閱讀報章雜誌時，會同時進行「關鍵字調查」與「主題研究」兩項工作，因此閱讀時自然也能做到這一點。

關鍵字調查	主題研究
大谷翔平	有關美國職棒大聯盟的報導
AKB48	關於偶像的報導
熊本熊	吉祥物的相關報導
我一人公司	？？？

各位心中也同樣有「關鍵字」與「主題」的存在，**「關鍵字」是你想要的資訊本身，「主題」則關乎你自己未來的成長**。

希望各位可以牢記這兩樣東西，在閱讀的時候試著挑戰一下這項調查工作。

只要盡情地到處架設「關鍵字」與「主題」這兩種天線，就能從單單一本書裡獲得相當大量的資訊。如果找不到自己所想的「關鍵字」，也可以用「主題」來扳回一城，那麼在讀完整本書以後，想必能獲得一定程度的滿足感。剛開始時可能會覺得這麼做很難，但還請務必要堅持下去。

接下來我會舉出5個建議在閱讀時研究的主題，若各位能蒐集到與這些主題有關的詞句，「我一人公司」就會不斷成長！

吸收第一次接觸的知識——主題❶

專業調查員會藉由閱讀報章雜誌來查找客戶委託的報導，至於「由誰負責讀哪家媒體」則全都是由上級決定的。

上級派發任務時多少會考慮調查員的家庭環境和個人愛好，像是讓家裡有小孩的人負責嬰兒雜誌，喜歡馬拉松的則去讀長跑運動雜誌等等，不過有時候調查員也會被分配到自己毫無興趣的媒體類型。

比方說，我個人覺得電車只不過是通勤搭乘的交通工具，卻要負責調查「以鐵道迷為讀者群」的雜誌，這種雜誌我私下是絕對不會翻開來讀的。只是我在立即判斷「這畢竟是工作」而繼續讀下去以後，竟慢慢增長了不少新知識，像是新建車站的資訊、地方鐵路的相關訊息，以及在全日本都很流行的彩繪列車等等。這些知識其實還眞的滿有意思的。

我覺得**閱讀的樂趣亦在於「能夠了解自己未曾知曉的世界」**。某個領域的專家出版的書，總是寫著許許多多我所不知道的事情。

因此作爲閱讀時要研究的主題，首先請試著留意那些寫著你「第一次聽聞的知識」的句子。以下共有 4 個範例：

❶「洗衣粉的洗淨力比洗衣精更強。」（《洗濯王子的神奇居家清潔術》，中村祐一）

❷「經常看到露天溫泉裡貼著『小心地滑』的告示或立牌，不過要我來說，這也是一種工作人員在清潔上偷懶的證據。」（《想住住看的療癒溫泉旅館》暫譯，原書名《一度は泊まってみたい癒しの温泉宿》，松田忠德）

❸「美容院一整個月裡人潮最擁擠的日子是在發薪日後。」（《東西愈少愈能舒適工作》暫譯，原書名《モノが少ないと快適に働ける》，土橋正）

❹「（大相撲）基本上只會發幕內和十兩的薪資，幕下以下的力士不支薪[1]。」

（《爲何蛋糕店只要賣出一半蛋糕就能獲利？》暫譯，原書名《半分売れ残るケーキ屋がなぜ儲かるのか》，柴山政行）

說來慚愧，在讀這幾本書之前，我一直都是❶用洗淨能力很差的「洗衣精」，❷認爲特地貼上「小心地滑」告示提醒客人的旅館很貼心，而且從來沒深入思考過❸美容院人最多的日子和❹相撲力士的薪資背後有什麼含意。

如上所述，透過閱讀學到新知可以讓自己更有自信。正如人們所說的「知識就是力量」，這世上有很多一旦不懂就會吃虧的事。爲了能活得聰明有智慧，看透事物隱藏的另一面也很重要。

現在請各位注意這 4 本書的書名：

❶《洗濯王子的神奇居家清潔術》→洗衣精／粉

❷《想住住看的療癒溫泉旅館》↓露天溫泉

在❶「洗濯王子」書中學到洗衣精與洗衣粉的知識，從❷「溫泉旅館」一書獲得露天溫泉知識，這些都還在可預料的範疇。不過，❸、❹這兩本書又是如何呢？

❸《東西愈少愈能舒適工作》↓美容院

❹《爲何蛋糕店只要賣出一半蛋糕就能獲利？》↓大相撲

從「提倡減少物品的極簡主義」書中得知美容院人潮最多的日子，有關「蛋糕店」的書則讓我們了解到大相撲力士的薪資，這些應該是做夢都想不到的吧。

---

1 編按：日本大相撲力士的位階共分為十級，前五級別的力士統稱為「幕內」，「十兩」為次於幕內的第六級力士，「幕下以下」則是指第七至十級的力士。

「居然能從這本書裡獲得這樣的知識！」這正是閱讀的一種醍醐味。「書名」和「最終掌握的知識」之間的差距愈大，就愈讓人感覺賺翻了，彷彿得到意料之外的副產品。話說，各位現在不正是在享受這種醍醐味嗎？竟然讀一本關於「閱讀」的書，就能學到洗衣粉、露天溫泉、美容院與大相撲的知識，的確是做夢都想不到吧！

能在與自身專業無關的領域拿出實例或資料來討論，說明作者的知識相當淵博。雖是專家，但絕不是在其他地方一竅不通的書呆子。遇到這樣的作者，我會因爲想著「一定要讀一讀他的其他作品」，而把他列入自己心中的**「白名單（想閱讀的作者名單）」**（※稍後會再解釋「黑名單」的部分）。

儘管今天比昨天多活了一天，也很難實際體會到自己的成長，不過**「發現一個句子提到自己初次接觸的知識」，就是「自己的知識等級穩步上升一級」**的證明。另外，也別忽略第一次看到的**「俗語」、「諺語」和「成語」**，要學會一點一點地吸收新知。

吸收那些現在就能馬上模仿的作者行為——主題❷

前面我們提過很多次，商管書是一種爲了改變自身「不足之處」或「做得不好的地方」而讀的書籍。要實現「從A到B」的變化，就得在讀完書以後至少改變一項「現實行動」。不要只會空想或者光說不練，重要的是去做。

因此，閱讀商管書時，**請盡量把目光放在書上寫到的「行動」文句，而不是「精神喊話式論述」**。話雖如此，但作者與我們的社會地位、年收入、生活習慣都不一樣，不太可能去模仿他的所有行爲。

比如：

「我討厭在電車上人擠人，所以每天都搭計程車上班。」

「我坐新幹線只買頭等車廂。」

「飛機一定要坐頭等艙啊。」

看到書中這樣的內容，老實說我的想法會是「好吧，也許你這樣的人是能做到」。可以的話我也想這樣做，但是現階段我還辦不到。正因爲想讓這種「鬱悶的現實」和「勉強及格的人生」多少有些改變，我才會努力地閱讀。

不過，要是想著「我跟這個人生在不同世界」，然後早早地把書闔上……那就太可惜了！

在日本有一句話是「反對概論，贊同細論」，就算作者談論的大部分都是跟自己截然不同的世界，但只要仔細品讀那本書，總能發現書中有一些**「現在的自己可以做到的事」或是「自己可以在生活中借鑒的做法」**。讓我們敏銳地發現這些訊息，並加以執行吧。

舉例來說，堀江貴文在《多動力就是你的富能力》一書提到他的行爲模式：

「從不自己計算開支與交通費。」

「在重要的會議上玩手機。」

這類行徑要我應用在自己的工作環境上，我想……我是做不到的。就現實的層面來講，我沒有可以替我計算開支的人，在會議上玩手機也很有可能會惹怒上司。因爲他是堀江貴文才能做到這些事情，也才會被別人包容。

不過，

「當一個不接電話的人。」

「每天至少睡 6 小時。」

各位對這些行爲有什麼想法？在工作中除了眞正必須接的電話以外都不予理會，或是早點上床睡覺，這類小事難道你不覺得自己也辦得到嗎？

「成爲不加班的人」、「成爲從不參加應酬的人」、「成爲不會察言觀色的人」……「成爲某某人」是商管書經常用到的句子。

稍微說兩句題外話，女演員小泉今日子在她忙於工作的十幾歲時期很懶得跟別人說話，所以聽說她在後台休息或坐車移動時都會讀書，好避免被人搭話；另外，2013 年亡故的歌手藤圭子（宇多田光的母親）也曾表示，爲了保護聲帶，她在全盛時期幾乎不與任何人交談。（出自《小泉今日子書評集》暫譯，原書名《小泉今日子書評集》，小泉今日子；《一顆流星》暫譯，原書名《流星ひとつ》，澤木耕太郎）

「愛閱讀的人」、「寡言少語的人」，這些外在形象或許都不是她們真正的個性，只是爲了達成自身願望——「累到不想跟人說話」、「把聲音留給唱歌」，她們才故意樹立這樣的形象。

同時，堀江貴文也把「不接電話」的形象貫徹到底，以便「不被他人奪走自己的時間」。**為了保護自己而打造出某種形象，澈底成為某一種人**。我很希望我們在遇到人生的各種局面時，有能力採取這種自我防衛的手段。

回到正題，在前日本微軟社長成毛眞的《成毛獨家「接待」教科書》（暫譯，原書名《成毛流「接待」の教科書》）中，他曾提及野村證券創辦人擁有的逾7000坪超大別墅，還有京都祇園町一家茶屋「只接待熟客」的故事。即使他介紹了門檻如此高的場所，我們也幾乎不太會在接待客人時用到這些知識。

然而只要仔細閱讀，就可以找到諸如「Denny's的牛排眞的很好吃」、「可以約人到Denny's吃午餐」之類的論述。Denny's在日本是一般人就消費得起的家庭式餐廳，既便宜又好吃，可說是庶民的好夥伴。讀完這本書以後，我馬上去Denny's吃了「滿滿蔬菜羔羊排」，那確實非常美味。

綜上所述，建議各位找出**「符合自身情況的句子」**，並把它學起來活用吧。

徹頭徹尾地模仿具備這三種條件的行動

這邊我打算再介紹一本跟閱讀有關的書，用來舉例「現在就能馬上模仿的作者行為」。根據池上彰與佐藤優合著的《讀書達人每天都在實行的最強讀書法》（暫譯，原書名《僕らが毎日やっている最強の読み方》），他們的行動模式如下：

「每天讀11份報紙。」

「每天確保有 4 小時的時間輸入知識。」

這些行為實在太高難度了，一般人根本沒辦法模仿（金錢跟時間都完全不夠！），但是——

「先從每天斷網 1 小時開始。」

這種程度的話，大家應該都做得到。畢竟只要從現在開始，每天關掉手機跟電腦1小時就夠了。

值得模仿的作者行為，是那些「現在馬上」、「順應自己的心」且「不必花錢」就能做到的行動。不管這個行動再小、再簡單都無所謂。只要滿足這3個條件，就慢慢嘗試把這項行爲付諸實現吧。

爲了讓各位更充分理解這3個條件具體是什麼樣的感覺，下面會介紹5句從書中找到的句子：

❶「查到『轉車路線』以後，先截圖保存下來。」（《時短術大全》暫譯，原書名《時短術大全》，生產性改善會議）

❷「用手機記事本記錄自己想到的事物。」（《IDEA HACKS! 創意工作祕技》，原尻淳一）

❸「行程表要先從休息日開始安排。」（《不流一滴汗就奪下榜首！「東大特訓班」

的商務突破班》暫譯，原書名《汗をかかずにトップを奪え！「ドラゴン桜」流ビジネス突破塾》，三田紀房）

❹「隨身攜帶書籍，爲突如其來的空閒時間做準備。」（《時間管理成功術：腦科專家教你善用時間62招》，米山公啓）

❺「跟主管一起去KTV時只唱懷舊金曲。」（《公司聖經》暫譯，原書名《社バイブル》，日詰愼一郎）

也許你會認爲，這些行動看上去都「沒什麼大不了」。

但我們很有可能就因爲沒有實行這些「沒什麼大不了」的行動，才遭遇各式各樣的失敗，例如：❶換乘電車時忘記要搭哪一條路線而慌得不行，❷把好不容易想到的點子忘光光，❸行程表被工作塞滿，❹約好見面的對象遲到害自己空等，❺唱了主管不知道的新歌，結果導致冷場……

將為自己帶來大幅變化的，永遠都是小小行動的積累。找出具備這3項條件的行爲語句，然後將其化爲實際行動。只要重複進行這個動作，就能踏踏實實讓我們這間「我一人公司」成長茁壯。

遇到令人遺憾的書時該如何是好？

假如眞的找不到可以模仿的實例……

這可能有兩個原因。

其一是現在的你還不適合讀這本書。書中案例「能否模仿」的標準會因爲我們自身的立場或當下的狀況而改變。可能過幾年以後再來讀這本書，你就能從中得到一點收穫了。

另一個原因是，或許不是你漏看了，而是這本書裡根本沒有寫出足以讓你模仿的行爲。

有很多商管書從頭到尾都在講述「精神論」或「心態說」，並未把他們的理論落實到「行動」上。作爲休閒讀物來說是很有趣，但在想改變自己的時候，讀這種書難免會覺得有所不足。

遇到這類型的書時，我會直接**把該書作者的名字列入我心中的「黑名單」（即「不想閱讀的作者名單」）**。前面有提到「白名單」，這裡的「黑名單」正好是與其相反的狀況。之後看到這名作者出新書時，無論書名有多吸引我，我也不會馬上去買。想買的話，就到書店仔細斟酌這本書的內容值不值得再做決定。

有的人會氣得在 Amazon 的消費者評價寫下「這個作者的書每次內容都很淺薄」，但我認爲他們不應該每次都摔進同一個坑裡。就算是爲了不浪費時間和金錢也好，同樣的錯誤希望各位都不要犯第二次。

以閱讀紀錄的形式所留下的資料，通常都會側重在那本書的內容上，不過從今天開始，請各位試著建立一份「作者黑名單」。史蒂夫．賈伯斯也曾說過，「決定不做什麼與決定要做什麼都同等重要」。

時間有限。你沒有時間去把所有市面上的書全部讀一遍，爲了盡可能多讀一些好書，避免浪費時間讀爛書，就該從平時開始一點一滴地蒐集「想讀與不想讀其作品的作者」名單。

備好那些能為自身觀點站台的「名人擔保」——主題❸

商管書裡會有很多在商業領域上有幫助的提示，因此除了「我一人公司」以外，也可以引進一些能夠在自己「實際工作的公司」實施的行動或想法。如果你是總裁，便可以由上而下直接做出決定，否則就只能自己去說服周遭的人。

這時建議各位務必借用作者的名號，若是那些平時不怎麼讀書的人也有所耳聞的「大牌」作者就更棒了。

因爲是在公司提案，所以最好是選擇已在商場上做出成績的人。若要日本人，就找稻盛和夫（日本經營之聖）、大前研一（策略先生）、孫正義（軟銀）、堀江貴文（Livedoor）、三木谷浩史（樂天）、柳井正（UNIQLO）、藤田晉（Cyber Agent）；

若是歐美人，則選比爾・蓋茲（Microsoft）、史蒂夫・賈伯斯（Apple）、馬克・祖克伯（Facebook）、傑夫・貝佐斯（Amazon）……

讓我們**借用那些傑出優秀且「大名鼎鼎」的成功人士名號，為自己的主張「做擔保」**。這個世界上的人大多數都是跟風追隨者，所以這些「做出實際成績的人」說出的話語分量極重。

前面在談到「作者黑名單」時，我曾寫下這麼一段話：「賈伯斯也曾說過，『決定不做什麼與決定要做什麼都同等重要』」。不曉得你讀到這裡的時候，會不會有「的確如此」、「這眞的很重要」的認同感呢？

這句話引用自華特・艾薩克森執筆、賈伯斯唯一授權的自傳《賈伯斯傳》。如果我說「這句話是我兒時好友賈伯斯講的」，讀者可能會吐槽「那是誰啊」、「誰理你啊」，但只要寫成「那位Apple創辦人史蒂夫・賈伯斯曾這麼說」，這個觀點就伴隨著強大的說服力。（※《賈伯斯傳》全書約800頁，頗有厚度，但是可以透澈理解賈伯斯的「爲人」和「思想」，喜歡Apple的人建議一定要讀讀看！）

打個比方，假設你在一家離職率很高，經常張貼招聘廣告的公司工作，每天總是要耗費時間面試與帶新人讓你覺得很厭煩。但要是你直接了當地向老闆抗議，表達「我認爲不重視員工的公司沒有前途」，恐怕會讓他對你心生反感。

在這種情況下，你可以借用 Cyber Agent 社長藤田晋那一針見血的意見提出建議：

「與雇用新員工所耗費的成本相比，把資金花在吸引員工長居久待，顯然更便宜有效。」（《創業者》暫譯，原書名《起業家》，藤田晋）

重點在於，你只需提到這是「那位有名的藤田晋先生的看法」，不要全盤托出自身的想法，而是始終**把自己放在「訊息轉達者」的定位**上。這就類似在 Twitter（X）上對自己贊同的發言按「轉推（轉發）」的那種感覺一樣。

在公司這種組織團體裡，**即使是同一句話，周遭反應也會因為「是誰說的」而有所不同**。上司不會聽取自己討厭的下屬意見，但若是他們很滿意的下屬說出同樣的話，他們就聽得進去。這個世上經常出現這種不合理的荒唐事。

最好的情況是「自己本身說的話就能打動人」，可惜現在並非如此，但你仍想提出建議，認爲這會對公司有所裨益。這種時候的最佳做法就是**讓知名作者的名言佳句為自己背書**。不要悲觀地認爲自己沒有影響力，而是從已有一定影響力的人那裡借用。既然都讀了書，就請毫不客氣地利用自己手邊可以運用的資源吧。

大牌作者的書有時候也會被人揶揄「老是在自賣自誇」、「滿滿的自以爲是」，但**要為我們的觀點「賦予權威」、「擔保站台」，沒有比他們的著作更適合的**了。遇到這種情況時，就請不帶情緒地讀下去即可。

吸收那些絕妙的譬喻措辭、令人開心的說詞——主題❹

雖說本書屬於商管書，但我想應該也有讀者「商管書與小說兩者都有在讀」。小說不太適合邊搜尋關鍵字邊讀，但我們可以去尋找符合「主題」的句子。建議在讀小說時可以研究的主題有二：「絕妙的譬喻措辭」及「令人開心的說詞」。

在日常漫不經心的對話中，「擅長比喻的人」給人很聰明的感覺，「說話機靈的人」則是很討喜。如果可以的話，應該任誰都會希望成爲這樣的人吧。

小說裡充滿許多妙趣橫生的譬喻和對白。讓我們敏銳地發現並汲取這些優秀的詞句，藉此大幅提升「我一人公司」的股價吧。

❶絶妙的譬喻措辭

「當這種問題發生時，便能看出上司的能力在哪。就像來到坡度很陡的路線滑雪，才能看出這個人的滑雪技巧是否高超一樣。」（《魔王》，伊坂幸太郎）

「擠在狹小的空間，咕嘟咕嘟地像水快煮乾了一樣開會爭論，在那邊你一言我一語地喊著『我是部長／課長／幹部』，說到底還是跟鍋子裡的昆布和竹輪在吵誰比較偉大沒兩樣。」（《來自神的一句話》，荻原浩）

基本上，只要蒐集那些會讓你讀過以後覺得他說得很好、很佩服的句子就行了，若裡頭包含「上司」、「部長」等詞彙，代表很有可能在實際工作上改編使用。這兩段範例的譬喻都相當高超，所以很有說服力。

說話果然是一門藝術。可是我們又沒辦法一下子就突然變得很會說話，所以平常就要先用類似「素材筆記本」的東西來把「絕妙的譬喻措辭」蒐集起來。在村上春樹的小說中有很多精準犀利的比喻：

「沒有原因就沒有結果，就像不敲開雞蛋就做不出蛋包一樣。」（摘自《刺殺騎士團長　第1部　意念顯現篇》）

「這任誰來看都是一個不好的徵兆，彷彿章魚靠吃自己的腳苟延殘喘似的。」（摘自《刺殺騎士團長　第2部　遷移隱喻篇》）

諸如此類。請試著練習架起天線，找出這些可用的佳句。

❷令人開心的說詞

打開 Facebook 後，經常會跳出「今天是某某人的生日，來爲他（她）送上祝福吧！」的通知，各位每次都是怎麼處理的呢？當然這也取決於你跟壽星之間的關係如何，但想必很多人會以一句「生日快樂，祝今年事事順遂」這種無關痛癢的句子來打發這件事吧。

也許當天向壽星道一句祝福有其價值，但收到罐頭文或慣用句的祝賀我覺得也不會有多開心。這並非出自一個人「內心深處」的話語，反而清楚地透露出一種「便宜行事」感。

既然要發訊息，那多少也要是能「稍微彰顯個性」或「讓人印象深刻」的內容，只不過要逐一斟酌寫什麼祝福語才適合對方也是一件麻煩事。正當我爲此煩惱，擔心怎麼辦才好時，當下正在讀的小說裡，有一句話碰巧躍入我的眼前。

「所謂的生日，就是在慶祝你誕生在這個世界上，而且現在依然健康活著所設立的紀念日。說什麼『已經不是値得慶賀的年紀了』或是『討厭過生日』，這些想法絕對是很奇怪的。恰恰相反，愈是上了年紀，生日就愈是可喜可賀。因爲這眞的很了不起啊。46歲生日比23歲更翻倍地了不起、更値得祝賀，不是嗎？請挺起胸膛過生日吧！」（《倒數第二次戀愛》，岡田惠和）

這段話出自富士電視台播的連續劇《倒數第二次戀愛》的輕小說版，是劇裡中井貴一對（在設定上）迎來46歲生日的小泉今日子所說的話。不覺得這眞的是很棒的台詞嗎？要是有人這樣跟我說，我一定會很開心，所以我的朋友聽到這樣的話應該也很高興吧？

於是我借用了中井貴一的這段台詞，改掉年齡數字，然後把它當成生日祝福傳給我心上眞正重要的親近友人。結果收到祝福的朋友都非常感動，回信的時候也不再是毫無變化的慣用句，而是「這段話眞的好棒」、「打動我的心了」等發自內心寫下的回應。這肯定是因爲我的心聲有順利傳達到他們內心吧。

小說裡頭會出現各式各樣的情境。這些情境不一定只會出現在小說裡，我們的日常生活也有可能會遇到同樣的情況——每個人都有生日，偶爾也會跟人吵架、出席婚喪喜慶的活動。

我們日常的溝通都是透過對話進行的。因此**若有讀到一句會讓你感覺「聽到這樣的話會很開心」的說詞，那這句也應該可以讓你應用在現實生活之中**。

「漫長的人生不可能只有陽光明媚的白天，也會有狂風大雨的夜晚。然而這世上沒有不停歇的雨季，天空總有一天會放晴。」（《家日和》，奥田英朗）

「像妳這樣的女孩子，以後肯定會吃更多虧。但是一定有人會關注妳，認爲妳很帥氣的人也比比皆是。」（《阪急電車》，有川浩）

倘若那些因爲生活不順利而消沉或深感孤獨的人，都有人願意對他們說出這樣溫柔的話語，不覺得是一件十分美好的事嗎？**只要借用專業作家的智慧，用自**

己的方式改編調整，並看準適當的時間表現出來，你就能夠鼓舞激勵重要的朋友，讓他們重拾笑容。

小說歸根究底就是一種娛樂。單純想把小說當作休閒讀物來享受，沉浸在作品的世界觀裡，集中精神推理犯人是誰，而不去考量怎麼「獲取資訊」，我覺得這樣也沒什麼不好。

不過，僅僅是**在閱讀前把「絕妙的譬喻措辭」與「令人開心的說詞」這兩大主題記在心上而已，小說就不再只是「消費」，而是可以將其視為幾個百分比的投資**了。預先知道世上有這種看法存在也沒有壞處。

吸收那些能把個人「心聲」轉化成語言的詞句——主題❺

前面介紹的 4 種主題，每一種都是以「結合閱讀與自我成長」爲目的。正因閱讀商管書是爲了讓自己產生「從A到B」的轉變，所以把天線架在那些有可能爲自己帶來變化的語句上是非常合理的一件事。

身爲一個人，願意追求更高的目標當然十分了不起，可是我覺得現在正處於轉變過程中的你也已經相當傑出優秀了。努力本身很重要，不過「照顧自己那顆努力不懈的心」也同樣重要。

因此，最後介紹的這第5個主題會稍微與前面4個不太一樣。

這個問題有點突然，但不曉得各位知不知道池袋東急手創館的8樓曾有一區空間名爲「貓袋」？人們可以在那裡跟貓咪一起玩。「貓袋」裡面禁止飲食，所以並不算是「貓咪咖啡廳」，只是一個單純看貓跟摸貓的地方。我因爲工作時總是在面對文字，所以偶爾想看看貓咪治癒一下心靈，這時就會付700日圓的門票進去玩。

只不過，這個地方的20隻貓，沒有任何一隻懂得「款待」二字怎麼寫。每隻貓咪都一臉「對客人不感興趣」的樣子，時而爬上貓跳台，時而經過貓步道，各自都過著隨心所欲的生活。看著這樣的畫面，我不由得感到「貓咪自由自在的生活眞好」、「當人類好累」、「我已經不想再工作了」、「下輩子想當一隻貓」、「整天蜷成一團睡大覺」……儘管我沒有把這些話說出口，但心底的確偷偷這麼想著。

而後當天晚上，我在讀佐藤多佳子的小說《於明亮夜色下出走》（暫譯，原書名《明るい夜に出かけて》）時，突然有這麼一段話躍入我的眼簾：

「我不想當人類了。想當一隻貓就好，在冰冷的磁磚地板上蜷成一顆球睡覺。不想再爲別人的事煩惱，事事顧慮周全。我眞的累了。」

我眞的嚇了一大跳。這就是我的心聲啊！到底作者爲什麼會這麼懂我的感受？足球選手本田圭佑在決定轉隊到AC米蘭隊時，曾有人問他轉隊的原因，當時他回答「是因爲聽從自己心裡『小本田』的聲音才做這個決定」，而佐藤作者簡直就像是把我心中「小村上」的聲音直接聽打成小說登場角色的台詞一樣。

小孩子童言無忌，會直接把自己想到的東西說出來。對著運動員提問時，他們也能毫不猶豫地問出「你有女朋友嗎？」、「有男朋友嗎？」這一類連媒體都會猶豫不敢問的問題。

可是，隨著我們長大成人，爲了得到周遭人等的認可，爲了能被別人接納，我們漸漸不再吐露自己的「心聲」，那些聲音深埋心底的情況也愈來愈多。例如在社團活動時，就算滿心想要場上的選手敗北，卻還是在板凳區大聲喊加油。在公司也一樣，新鮮人很難去表達自己想要準時下班的願望。

正因如此，在閱讀時發現一句能以文字表達個人「心聲」的詞句，才這麼令人喜出望外，不是嗎？

內心懷抱的那些朦朧不清的情緒，無法確切用語言訴說卻又真實存在的情感。

我希望各位可以把這些化作文字的段落小心翼翼地蒐集起來，爲什麼呢？因爲這樣可以讓你的心豐盈充足——。

那天我離開「貓袋」的時候有些悶悶不樂，心想：「都這麼大的人了，竟然還想變成一隻貓，會這樣想的是不是只有我這種人……」可是在讀了《於明亮夜色下出走》以後，我與那段話相遇，發現「原來除了我以外也有人『想變成貓』」、「有這種想法原來也沒什麼關係」，當下眞的不禁覺得十分安心，有一種被拯救了的心情。

讓作者為你的「心聲」按讚

書本裡面沉睡著無數溫柔又溫暖的文字，這些文字彷彿能貼近你那說不出口的「心聲」。在自己的內心深處，有著這樣的想法：

- 感覺自己不夠認眞。
- 認爲再這樣下去不行。

・因爲做不好而在意得不得了。
・感覺自己這樣有點奇怪。
・覺得不好意思，所以絕對不能對別人說。

一旦找到將這些思維情緒化爲文字的段落，就有彷彿被人從後面推一把的感覺，發現原來「不只我是這樣的」、「這樣的自己也不錯」。自己心底那些暗藏的「黑暗」能夠得到肯定，那是一件多麼令人開心的事啊。

換言之，**找到一個能將自己的「心聲」化為文字的詞句，就跟作者親自幫自己「按讚」一樣**備受鼓舞。

「我其實不太擅長與人相處，一個人待著輕鬆多了。而且我又不喜歡外出，那很累，還很花錢。」（《第十年的情人節》，東野圭吾）

「旅行就是一場災難。與日常生活不一樣……這點讓我很難應付。」（《紅長靴》，江國香織）

對於既喜歡獨處，又喜歡待在家消磨時光的我來說，這就好像從東野圭吾和江國香織那裡獲得格外令人欣喜的「肯定」。放假的時候，在那些喜歡跟親朋好友聚在一起賞花、吃烤肉，熱鬧喧騰的派對生物之中，我顯得內向又不愛出門。生活上最放鬆的一瞬間，就是拿出鑰匙打開自家玄關大門的那一刻。然而兩位直木賞作家卻告訴我——「你的心情我明白」、「這樣的你就很好了」。

現在是社群網站的全盛時期，有的人會爲了得到更多人按的讚而拚命僞裝自己，誇耀自己的現實生活充實，或是拍出一些ＩＧ網美照。可是就算不那麼勉強自己，我們也能**磨練天線的靈敏度，並從別人寫的文章裡找到自己的「心聲」，藉此自我滿足自己那種迫切想被人承認的欲望**。不論想要多少「讚」，都是可以自己爲自己爭取的。

不會因無法控制的他人反應而心情起伏，也不會爲任何人增添精神負擔，一切都自給自足。或者可以說，這是一種「滿足受人認可欲望的最健康萬全之道」了。

建立「摘錄」這位無可匹敵的人生盟友

我至今讀了3500本以上的書，總共摘錄了「超過3萬筆」符合我的關鍵字或主題的詞句。在決定出版這本書前，我花了大概1年的時間把這些句子全部重新讀了一遍。

比方說，有一名超級時尚愛好者去逛街購物，他跑去服裝店大肆爆買所有自己喜歡的衣服。在日復一日的購物後，有天他打開衣櫃，發覺裡頭全部都是黑白兩色的衣服。然後他第一次發現到，原來「自己喜歡的是單一配色基本款」。

摘錄書中內容也是如此，仔細觀察那3萬多句詞語後，我才發現自己具有什麼樣的偏好——那些「把自己的心聲文字化的段落」竟占半數以上。

我的人生一直都是「渴望獲得認可，卻得不到」的狀態。因爲我讀了很多書，所以經常被周遭的人當成「愛裝上進的人」來嘲笑或蔑視，然而我本身又沒有足以讓他們閉嘴的「壓倒性的實力」，唯一有的，只是在工作中培養出來的「極其靈敏的天線」而已。

因此我才藉著閱讀蒐集一大堆「像是在認同我的文章」，好去滿足自己的心靈。換句話說，或許「正因爲有這樣的天線，我才能好好活到今天」也不一定。

在東京電視台的《跟拍到你家》電視節目中，以前曾經有一位非常喜歡迪士尼樂園的人，他曾說：

「要在人類社會生存很難，總是會遇上背後中傷、背叛約定之類的事。但米奇不會放我鴿子，也不會罵我笨，他那種願意接納我的一切的感覺，正是我喜歡他的原因。」

書也和米老鼠一樣會在我們身邊守護著我們，無論何時都陪在我們身邊，絕對不會背後捅刀，也不會對我們展露敵意，露出獠牙。**它是我們心靈的依靠，也是在難受時支撐我們的無敵盟友。**「我沒有朋友，書就是我的朋友。」雖然這樣講起來滿自虐的，但我真的覺得沒有比書本更好的朋友了。

- 認爲這世上沒有人能理解自己心情的人。
- 感覺不被任何人需要的人。
- 找不到自己容身之地的人。
- 滿足不了他人對自己的那份期待的人。
- 找不到夢想，也不知道將來想做什麼的人。
- 認定自己從這個世界上消失也不會有人感到悲傷的人。
- 被公司排除在升遷之外的人。
- 因爲不服從命令而被欺負的人。
- 在求職過程中到處碰壁的人。
- 總在夾縫間生存，沒能走在正確道路上的人。
- 無法筆直走上光明大道，反而在路邊排水溝裡沉淪的人。
- 想法被人嗤之以鼻嘲笑的人。

- 從未被自己有好感的對象接受的人。
- 去參加聚餐也沒人理會，感覺自己被當作雜物看待的人。
- 朋友生日時一定會發訊息祝賀，自己生日卻沒有人傳來祝福的人。
- 跟學校同班同學或公司同事話不投機半句多的人。
- 覺得這個世界上沒有人站在自己這一邊的人。
- 活到現在從未有任何足以向他人炫耀的成就的人。
- 沒辦法理所當然地做到那些旁人不費吹灰之力就能做到的事的人。
- 認為自己跟這個社會格格不入的人。
- 無法好好融入任何社交圈的人。
- 完全不擅長群體生活的人。
- 最討厭的四個字是「員工旅遊」的人。
- 與人相處時節奏會被打亂而感到疲憊的人。
- 對自己的一無是處感到極其自卑的人。

・有一段無法對他人訴說的痛苦過去的人。
・內心有無法治癒的傷痛的人。
・因爲抽到人生下下籤而嘆氣的人。
・曾經想過要一了百了的人。
・小時候想過長大後要做的事，長大後卻一件也做不到的人。
・對自己老是太多負能量而感到厭煩的人。
・跟不上時代潮流的人。
・不管做什麼都半途而廢的人。
・認爲自己活在地球上最底層的人。

如果你符合這些描述的任何一項，還請務必升級你的天線，加強它在書中找出你「心聲」的靈敏度。

有時偶爾映入眼簾的一句話會拯救一個人的人生，讓這個人的每一天都可以活得稍微輕鬆一點。有的時候，這些過於直擊內心的話語還會讓人眼眶泛淚。請大量蒐集那些認同「現在的你」的文章，得到作者對你按的「讚」，設法藉此滿足自己的內心。

接下來，既然都讀到這裡了，想必各位多少對「記住關鍵字或主題再閱讀」有點興趣了吧？只要能實際熟練掌握這種閱讀法，就一定能獲取更多的資訊。而當你做得到一件事以後，通常便會有新的挑戰出現在你面前。

最後的第 6 章將詳細爲各位介紹「該以何種形式將蒐集到的資訊保留下來」。

第6章

在Instagram留下閱讀紀錄吧！

以「備忘錄」的形式保留閱讀所蒐集的資訊

前面幾章我一直都在強調「閱讀時最重要的是掌握書中資訊」，不過還有一件**與掌握資訊同等重要的事，就是撰寫「閱讀紀錄」**，把蒐集到的資訊寫成備忘錄留存下來。

就算剛讀完書時還記得，但讀下一本書的時候，新的訊息會覆蓋舊的資訊，慢慢遺忘前一本書的內容，這是人類的天性。要永遠銘記感動和回憶是相當困難的事。因此，擁有一個**「未來能把被遺忘的書名或內容搜尋出來的『個人專屬資料庫』」**會令人放心很多。

這裡我想推薦給大家的是利用 Instagram 做閱讀紀錄。

Instagram 上本來就有很多跟閱讀有關的主題標籤，例如「#書　#閱讀　#完讀　#閱讀紀錄　#閱讀筆記　#閱讀日記　#閱讀心得　#愛書　#結交愛書人」，或是「#book　#bookstagram　#bookpic　#bookphotography

#booklover #instabook #reading」，**不只日本，全球各地的人都在使用 Instagram 做閱讀紀錄**。

我在 Instagram 上面辦了一個「閱讀紀錄專用」的帳號（@no_name_booklover），這個帳號只會發布我讀過的書籍資訊。透過經營這個帳號，我切身體會到 Instagram 的三大優勢。

在 Instagram 寫閱讀紀錄的「三大優勢」

❶可打造手機裡的書櫃

首先，第 1 項優勢是能夠在手機裡打造一個「書櫃」。跟現實裡的書櫃不同，手機書櫃不但不占地方，還可以隨身攜帶。在書店或圖書館看到不太確定自己有沒有讀過的書時，只要當場拿出手機查看 Instagram，就**可以避免重複購買或借閱同一本書**了。

另外，發布閱讀紀錄的時候通常會上傳書籍封面當配圖，等有空時回顧自己過去的發文，就彷彿是在瀏覽自己的**「愛書照片牆」**一樣，可以從中體會到單純的快樂。拿自己喜歡的照片（喜歡的明星、風景、寵物等）裝飾房間時，是不是每次看到這些裝飾都會心情很好呢？愛書照片牆就像是這種裝飾的「書封版本」。

最近有些書的封面顏色鮮豔，索引標題和各章節總結均採用正方形的設計，這很明顯是爲了讓人拍出書籍的「ＩＧ美照」而有意爲之。看來，出版相關從業者也漸漸開始注意到「閱讀」與「Instagram」的密切關係了。

❷可以直接獲得作者的回應

第２項優勢是能夠直接收到來自作者的反饋。現在是「在社群網站引發話題極爲重要」的「社群優先時代」。有相當多的作者會因爲在意作品的評價而自我搜尋，也就是在網路上搜尋自己或作品的名字。

我一直以來都**一定會在主題標籤裡加上「作者名」**，很多暢銷書作家應該就是在搜尋他們自己的名字時找到我的帳號，他們會在我的發文底下留言「感謝閱讀我的作品」、「多謝撰寫心得」，甚至還有國外的作家留下英文回饋：「This is my book. Thank you for sharing!（這是我寫的書，謝謝你的分享！）」

也許一般人做夢都沒想到作者會主動向自己搭話，不過收到作者本人禮數周到的道謝這件事，其實還滿常發生的。

在這種時候，**絕對不能單單去為作者珍貴的留言按讚就結束這個回合**，這種可以跟作者本人交流的、千載難逢的機會，如果不能最大限度地好好利用就太可惜了！「您的作品我至今已經讀過○本了」、「這本書裡面有一句△△眞的讓我超感動」、「今後也請繼續爲這個世界寫出更多精彩絕倫的書」……這樣的回覆也有機會爲對方帶來好心情。

比起留言，按讚的作者更多。搞笑二人組「金剛」的成員西野亮廣每次都不忘來替我按讚，簡直就像是在舉辦「金剛西野本人來幫你的 Instagram 按讚活動」一樣，令我印象非常深刻。我想這一定也是爲了賣書所採取的行銷或培養粉絲的一環吧。

昔日書籍作者帶給人的印象總是「雲端上的人」和「遙遠的存在」，但現在人們已經可以直接在社群網站上與作者交流了。一旦有過一次這樣的經歷，就會一下子拉近與那名作者的距離，**閱讀欲也會驀地湧上心頭，讓人由衷產生「我要來讀這個作者以前的所有作品」、「以後也一定要買他的新書」的想法**。

❸受到與其他使用者交流的鼓舞

第3項優勢是，與其他使用者的交流會激發我們的動力。雖然不是為了得到別人的評價才記錄閱讀心得，但自己的發文能有人反饋是一件開心的事。

擁有會為我按讚、特地留言給我、追蹤我發文的人，這真的很令人欣喜，同時也給了我很大的鼓勵。雖然現實中我們彼此並不相識，但我們**確實在這裡透過同一本書產生了「共鳴」**。發布的閱讀心得愈多，就有愈多使用者留下反饋，於是對閱讀的熱情也就愈發高漲。

順帶一提，追蹤我的粉絲全都是喜歡書本的人。其實這也合情合理，畢竟他們都特意來追蹤一個閱讀紀錄帳了。很多粉絲的ID都帶有「book」、「reading」、「library」、「hon」[1]等字樣，每當系統跳出「○○開始追蹤你」的通知時，我都很好奇對方是什麼樣的人而點進去看他們的帳號，然後往往會發現他們的發文全是書籍封面。

有句話說**「只要看一個人的書架，就能看出他的品行」**，看到粉絲的歷史發文，便能大致了解他是什麼樣的人。縱使沒見過對方本人，也可以大略想像得出他的樣貌，比如「喜歡推理小說」或「憧憬極簡生活」等等。**與其說是了解對方「喜歡的書」，不如說是了解對方「這個人的本質」**。儘管帳號擁有者沒有察覺，但「爲讀過的書發文」就等於是在「公開自己的內心世界」。

我覺得我那些喜歡書籍的粉絲，大多都是人生態度積極向上的人。他們的個人檔案也都會寫上「目標是在今年內閱讀○本書」、「眞想再進一步增加詞彙量」

1 譯注：日文「本（ほん）」的發音即是「hon」，為「書本」之意。

或「希望能了解各式各樣的人生，以及我所不知道的世界」等話語，讓人感覺到他們「作爲一個人的能量」。

現在有很多國高中生都有辦一個專門用來做閱讀紀錄的帳號。看到他們寫「我總是在搭車上下學的時候閱讀」、「爲了買書開始打工了」、「希望大家推薦我好書」時，阿姨我就眞的只有滿心佩服而已。

如上所述，只要在 Instagram 上發文就會遇到許多方便、快樂和備受鼓舞的事情。這些都是在筆記本上**「手寫閱讀筆記」所無法實現的事**。還請各位一定要嘗試在 Instagram 上做閱讀紀錄，把你讀過的書視覺化。

把書中重點以關鍵字寫成「主題標籤」

Instagram是一個特別重視視覺圖像的社群網站，雖說發文可以附上照片和文字，但書評寫得太長也不太好。不僅自己寫得很累，而且別人看到這則貼文時，要是發現一直往下滑都滑不到盡頭，就很容易中途放棄不讀了。

滑IG的人並非「有目的地瀏覽」，而是想要「打發一下」自己那一點點的空閒時間。因此文字的部分最好以簡單易懂的方式總結。**這邊我很推薦把書中重點提煉成關鍵字，並將其寫成主題標籤**。

請各位想像一下「月記事本」。這種記事本劃分給每一天的空間很有限，所以在寫預定行程的時候，通常都會只寫出類似「約○○看Mr. Children演唱會，東京巨蛋，18點開唱」等重點，對吧？不必把所有細節跟情緒都一一記錄下來寫成長篇大論，只要看到重點關鍵字，事後也能順利回想起那天發生什麼事。

閱讀也是如此，只要把書中重點用主題標籤標註起來發文，就應該能想起書上到底寫了什麼內容。因此，我在這裡介紹一下簡單通用的「主題標籤模板」：

#書名
#作者名
#出版社名
#作者簡介
#內容摘要（用簡單一句話描述這是什麼樣的書、經常出現的關鍵字、自己內心訂定的關鍵字、目標讀者群等等）
#簡短感想
#與閱讀有關的主題標籤

「#書名」、「#作者名」及「#出版社名」這三項是必備的標籤。

只要有寫出版社的名稱，就有可能被該出版社官方帳號按讚，有時還有出版社會留言說「您介紹得相當簡單好懂，眞的非常榮幸」、「十分感激您這麼認眞地爲本書寫下書評」呢。甚至可以從中發現哪些出版社重視社群平台的經營，哪些出版社不太重視這方面。

說到這個，出版本書日文版的FOREST出版社一直以來都常常爲我的貼文「按讚」或「留言」。他們好像很勤勞地在做自我搜尋。今後各位若是讀了這家出版社的書，請務必加上「# FOREST出版社」或「# FOREST Publishing」的標籤再發文喔。

運用主題標籤時的注意事項

關於出版社名的標籤，有件事我很在意，那就是非常多人會把「幻冬舍」寫成「幻冬社」。用「#幻冬社」這個標籤搜尋，居然可以找到4000則以上的貼文，都可以算是熱門標籤了。竟會有這麼多人沒注意到自己寫錯字，這實在是不該出現的失誤。

舉個例子，假如你的公司打算跟幻冬舍談合作，而你們寄信給社長的時候，將信中的稱謂寫成「株式會社幻冬社　見城徹社長」——在這個瞬間，你們公司就已經出局了吧。若我是見城徹，就不會願意與這種粗心大意的人合作。不論是商業書信，還是社群平台，把對方公司名稱寫錯都是極其失禮的事情。

像書名、作者名和出版社名這種「書籍基本資訊」，一旦寫錯就會大幅降低這篇貼文的可信度與說服力。明明讀的是「孔子」的書，卻把標籤寫成「#恐子」，那一切就都白費了。日本有好幾個出版社的名稱很相似，例如「大和書房」與「大和出版」、「日本實業出版社」與「實業之日本社」等等，在發文前一定要多次翻書查看確認，千萬不能寫錯。

作者簡介只要從作者介紹裡挑出像是「經營顧問」、「某某大學教授」、「知名青年創業家」這類響亮的頭銜來寫就好。一本書的內容可大致透過它是「有什麼經歷的人說出的言論」來推測，所以記錄這一項可以提高未來成功回想起來書中內容的機率。

內容摘要的寫法是用一句話描述「這是什麼樣的書」，類似「寫給跳槽者的建議書」、「30歲成熟女性生存指南」這種感覺即可。書籍本身的副標題或書腰上的文案也非常適合拿來參考。如果標籤寫不好，或許代表的是你對書中內容的了解還不夠透澈。

目標讀者群（年齡、性別、層級）如果有寫出來，就能提示看到這則貼文的人「這本書是否與其有關」。以前我曾在一本書上標註「#男性專書」，當時就有粉絲問我：「我是女生，讀這本書會有幫助嗎？」或是寫下「#年齡接近3字頭的女性必讀」的貼文，也有人留言「我正好是這個年紀，很感興趣就讀了這本書」。選書的一大重點就是要有「這本書與自己有關」的感覺。

除此之外，「非入門書」、「書頁下方是翻頁動畫」、「文字風格很口語」等等，**在閱讀前最好先做好心理準備的資訊，也要毫不吝嗇地寫出來。**

最後一項是**「簡短感想」**，這裡可以適當加入一點玩心，展現這則貼文的人情味或發文者的心情，或是寫出能博君一笑的幽默心得。比方說，有很多共鳴的書就寫「點頭如搗蒜結果點到脖子都快斷」，覺得有趣的書就寫「萬萬不可在電車上讀」，令人感動的書則寫「全美沒有但全『我』感動落淚[2]」。請像這樣充分發揮你的幽默感與文字品味吧。

前面我們提到過，現今許多作者都會自我搜尋，**要是不加修飾地把自己的感想原原本本地寫出來**，像是「真的有夠無聊」、「內容空洞乏味」等等，那**很有可能會被作者本人看見**。說話是藝術，所以最好還是要包裝一下再說出口，用比較婉轉溫和的方式來表達，比如「傳統老師傅的自我啓發成長書」（意即「沒有原創內容」）、「前半段相當有趣」（意即「後半段就沒哏了」）、「一下子就看完了」（意即「整本書內容很淺」）之類的。

若是搜尋**與閱讀有關的主題標籤**，可以找到相當多，例如「#書　#閱讀　#完讀　#閱讀紀錄　#閱讀筆記　#閱讀日記　#閱讀心得　#愛書　#結交愛書人」。讀外文書或翻譯書的時候，也可以加上「#book　#bookstagram　#instabook　#reading」這類英文標籤。把這些資訊寫完整以後，你的貼文被「愛書但還不是你粉絲的人」看到的可能性會更高。

順便一提，假如我是以一名讀者的身分讀完這本書，那我會添加這些標籤：

#關鍵字閱讀術　#村上悠子　#FOREST出版社　#資訊蒐集大師　#專業調查員　#剪報　#絕不放過想掌握的資訊　#閱讀方法　#牢記關鍵字再開始閱讀　#nokeywordnoreading　#學到了　#完讀　#閱讀紀錄　#愛書

2　譯註：此為日本網路流行語。日本代理商常以「全美感動落淚」來行銷美國翻譯文學或電影，此處因屬於個人感想，故以「全我」代替「全美」。

只要像這樣把重點鑲在貼文上，那不管經過多少歲月都能大致想起書中內容，各位是不是也這麼認爲呢？

倘若你打算在讀完本書以後開始寫 Instagram 閱讀紀錄，那麼請務必嘗試照著前面的標籤寫寫看，無論是直接照抄或加以改編都好。

撰寫內容、拍攝照片時要留意的地方

除了整理書中重點寫成主題標籤以外，我還會**在貼文內容引用約 5 到 7 句觸動我心弦的書中文句**。我其實不太確定自己那些「這本書好有趣」、「讀了這本書眞好」的個人感觸是否正確，能不能符合一般世人對那本書的期待，所以我會**寫出客觀事實（即引用原文）**，讓追蹤我的人自行判斷要不要讀。當然，也是因爲我想**把這些「不想忘卻的話語」以數據資料的方式保存下來**。

在瀏覽其他人的閱讀日記貼文時，有時我會分不清哪一段在「引用原文」，哪一段是對方的主觀感想，這樣雜亂無章的內容不但會讓看到這則貼文的人感到混亂，還會迫使人們需要花更多時間去理解。所以**引用原文時請記得使用上下引號把「引用段落」清楚標示出來**。還有，引用兩人對談或三人對談集時，要記得寫清楚哪句話是「誰的發言」。

最後一點，我想談談拍攝書籍封面照時該注意的事項。如果是自己買的書或電子書，想怎麼拍都無所謂，但**從圖書館借來的書請務必遮住「某某圖書館」的印章或字樣**，不然就會暴露你的居住區域在哪。

我上下班的時候，會看到有人在車上讀圖書館的書。每次我都會瞄一眼書上的圖書館章，猜測那個人會在哪一站下車，這是我一個小小的祕密愛好，而且還猜得很準。很多人在 Instagram 也這麼毫無防備，大剌剌地把圖書館章亮出來拍照上傳，這真的很危險，請萬分注意別在網路上洩露個人隱私資訊。

受歡迎的 Instagram「閱讀帳」有兩大特徵

粉絲超過１０００人以上的人氣閱讀帳有兩個特徵。

第 1 個特徵是會寫出書籍資訊（摘要）。

舉個例子，有兩個帳號針對同一本書發文：

◎Ａ帳號：只有一句「我從現在開始要讀這本書」。

◎Ｂ帳號：簡潔好懂的摘要＋引用原文＋以主題標籤總結重點。

假使只能給其中一篇按讚，那我肯定會毫不猶豫地選擇Ｂ帳號的貼文。因爲Ｂ帳號的發文有寫出書籍資料，免去我自己查詢的工夫，那個「讚」也包含感謝他幫我省力氣的意思。

相較之下，Ａ帳號的發文根本看不出那是什麼書，也看不出書的內容是什麼，單純只是一篇生活紀錄（行爲軌跡）而已。如果A帳號的擁有者是名人，那我可能會很好奇他在讀什麼書；但若是不認識的人，我就完全沒興趣了。即使看到了貼文，也不太會特地按讚。

在挑戰托瑪・皮凱提（Thomas Piketty）《二十一世紀資本論》那樣厚重的學術書，或是杜斯妥也夫斯基（Feodor Dostoevski）《卡拉馬助夫兄弟們》這類艱深的小說時，預先在社群網站上做出「我要讀」的宣言，令自己無路可退（逼自己讀下去）的這種做法我是覺得滿不錯的。但若是每次都只講一句「現在要開始讀」，反倒會讓看到貼文的人心生懷疑，不由得往帶有惡意的方向猜，心想：「這個人眞的有在讀這本書嗎？」、「會不會只是在裝文青啊？」之類的……

已經把本書讀到這裡的你，想必從現在開始就會豎起關鍵字和主題的天線，逐漸學到自己掌握書中資訊。好不容易有了獲取資訊的能力，假如發文還停留在「生活紀錄」的層級，不去好好運用自己學到的能力，那就太可惜了！

目前讓我最欣慰的粉絲留言是「我現在人不在日本，沒辦法輕易取得日文書來讀。在這種情況下，你的發文助我良多，一直以來都很謝謝你」。儘管不是什麼幽默有趣或感人肺腑的文章，但只要把「書籍資訊」整理起來並寫得清楚易懂，就可以對遠在海外的人有所助益。

自己的發文輾轉在這個世界流傳，影響了一個陌生人的人生。即使這個影響微不足道，可我仍感到實實在在的喜悅。今後發文的時候，也請你一定要把發文內容從「A帳號」改成「B帳號」的格式，**使你的發文不但是自己的「備忘錄」，同時對其他人而言也是「有用的資訊」**。讓我們一起以這樣雙贏的貼文為目標努力吧。

接下來，人氣閱讀帳的**第2個特徵是發文數量多**。

人類會對頻繁接觸的事物抱有好感，這就是「單純曝光效應」（Mere Exposure Effect）在現實生活中的體現。

如果有人每天都會發文寫閱讀紀錄，而且還是B帳號那種貼文內容，各位難道不會想追蹤這個帳號，把它當成自己的「閱讀資訊源」嗎？想在Instagram增加粉絲，最好的辦法不是追蹤上千人然後等他們「回追」，而是提高**「會讓人想追蹤的發文」**的更新頻率。如此一來，就能很快聚集一批優質的粉絲（以我來說就是「愛書人」）。

在Instagram上記錄自己「去過的店」或「買下的物品」，就等於將自己的生活水準公諸於世。所以也有人會管控自己的發文內容，就算去了高消費的店，買了品牌商品，也會避免發布「炫富式」貼文。

在這一點上，書籍倒是沒什麼顧慮。畢竟書價最多也就約莫1500日圓，去圖書館借來看還不用錢。

以前有一部日劇叫《多金社長小資女》，是由小栗旬和石原聰美擔綱演出家財萬貫的男主角與經濟拮据的女主角。不過我們就算將讀過的書拍照，然後上傳一大堆照片，也不會有人因此認爲我們「家財萬貫」或「經濟拮据」。日本每天大約有300本新書上市[3]，所以也不用擔心沒有哏可以發。

也就是說，**「閱讀紀錄」是最適合定期發文的題材**。這種題材有可能收穫人們的佩服跟讚賞，但絕不會遭人嫉妒或輕蔑。因此請各位放心把讀過的書發布到網路上吧。

利用別人的發文「找自己想讀的書」

Instagram不僅可記錄「自己讀過的書」，還能用來找尋「自己想讀的書」。建議各位主動追蹤「#完讀　#閱讀紀錄」等主題標籤，還有出版社跟書店的帳號。這麼一來，就能得到別人讀過的書、剛上市的書與剛到貨的書等資訊。這種做法會**強制將「其他人推薦的書」帶到你的動態消息裡**，這一點非常重要。

說到推薦，Amazon有一個欄位是「購買此商品的顧客也同時購買」（薦購功能），這個欄位會根據我們過去的搜尋履歷和購買紀錄，推薦一些系統認爲我們可能感興趣的商品，不過這頂多也只是「在我們興趣範疇內」的產品。這樣的產品即使可以進一步「深化」那個領域的知識，但是卻無法「拓寬」我們身爲一個人的廣度。

去電影院看電影的時候，通常都會於正片開始10分鐘前，在銀幕上播放一些即將上映電影的預告片。「全美感動落淚」、「奧斯卡最強候選」、「可別錯過令人震撼的最後一幕」……這些都可說是在強迫觀衆去看「其他人的推薦」，不過也會有人因此對那些沒聽過的電影產生興趣。

同樣地，在Instagram上看見「其他人的推薦」時，有時會有**之前沒那麼感興趣的書自動出現在你的眼前，或是剛好遇上一本貼近自己當下狀況或心情的書**。不管是電影還是書籍，這些「憑一己之力肯定無法挖掘到的作品」可能反而意外觸動人心。

---

3 譯註：台灣近3年新書出版量大約為每日150本。

人們把邂逅美好的偶然、無意間發現的小事稱之爲「機緣（serendipity）」，而最能讓人體會到這一點的正是實體書店。

我想愛書人應該都會懂我說的這種感覺。這世上還有比「走進書店的瞬間」更令人感到幸福的事嗎？在種類繁多的書架前逛來逛去，有時發現書上寫有自己想看到的話語，有時在自己狂熱著迷的品項前面偷笑，有時則是按捺不下「我全都要」的欲望，忍不住掏空錢包。就連高聳書架的壓迫感，也依舊讓人心生喜愛。

不過，有些人的家裡附近沒有書店，或是忙到沒有時間常常去逛書店。在這種時候，我們至少可以打開Instagram，多看一看「其他人的推薦」，**打造出近似逛書店的心境（雖然書籍種類遠遠不及就是了）**。請好好珍惜在動態消息上與某本書籍那機會難得的美好相遇。

看重「發文日期」，而非「發文時間」——高階技巧

也有人會瞄準「貼文容易被看到的時段」來發文，想藉此增加Instagram帳

號的粉絲人數，或是獲得更多人按讚。具體而言，最熱門的時段就是上下班或上下課的通車時間，以及午休時間。

不過我覺得，這種程度的策略現在幾乎人人都在做。只有比其他人想得更深更遠，人生才會有所不同。因此我**希望各位看重的一定要是「發文日期」，而不是「發文時間」**。這究竟是爲什麼呢？接下來我將依序針對這**6種情境**爲各位解說。

發文談網紅明星書時的要點——情境❶

我在Instagram發布的閱讀紀錄涵蓋各類型的書。除了商管書和自我成長類的書以外，長篇小說、短篇作品集、散文隨筆、非虛構作品等我都會輪流予以介紹。另外還會定期發布「明星書」的貼文，只是很多人「看不上」這種類型的書。

比起商管書，明星書的按讚數的確少了很多。人們可能會以有色的眼光看待這類書籍，想著「反正也不過是明星出的書」、「又不是他們自己寫的有什麼了不起」。但其中**也有寫得非常好的書，好到不該以「明星書」的名義輕視它**。好書就是好書，我想盡可能讓更多人知道它有多好。於是我想到了一個辦法，那就是**在該明星的「生日」或「出席活動日」當天發文**。

以AKB團體相關成員的書來說，高橋南的《領袖論》（暫譯，原書名《リーダー論》）主談領導能力，指原莉乃的《逆轉力》（暫譯，原書名《逆転力》）則是講述克服危機的方法，這兩本書的內容對於在公司組織中工作的商務人士也很有幫助。因此我在高橋南生日的4月8日發布《領袖論》的貼文，《逆轉力》則在指原莉乃畢業演唱會當天的4月28日發文。兩篇貼文各自的主題標籤如下：

#領袖論　#高橋南　#講談社　#AKB48首任總監督　#凝聚團隊的力量　#擔任領袖的心得　#今天是4月8日　#總長南哥28歲生日快樂

#逆轉力　#指原莉乃　#講談社　#HKT48　#AKB選拔總選舉三連霸　#化危機為轉機的辦法　#今天在橫濱棒球場舉辦畢業演唱會　#偶像小指子的最後一次亮相

4月8日「高橋南」、4月28日「指原莉乃」，對於這樣的關鍵字搭配，AKB死忠歌迷的天線靈敏度比平常還要高出許多。我想他們應該也會用兩人的姓名搜尋主題標籤，便做好萬全準備，發布一篇正中歌迷心思的閱讀紀錄，所以這兩篇貼文才有這麼好的迴響。

我的帳號因此增加了不少使用者按讚，這些人的個人檔案寫著「神7最愛總長南哥」或「力推小指子」，而且以前（應該）從未接觸過我的帳號貼文。這樣的貼文對於那些原本不愛閱讀的歌迷而言是很有意義的資訊，能增加按讚數對我來說也很值得高興。只是在發文日期上花一點心思，就能達成這種雙贏局面。

因此，讀完明星書以後，我一定會到維基百科網站查詢作者的生日。有時也會因爲對方剛好是昨天生日而大失所望；或是一查發現作者生日恰巧就在幾天後，當下突然萌生「在這個時間點讀這本書就是命運吧！」的想法，情緒頓時高漲了起來。

於是我的行事曆上除了現實認識的朋友跟熟人的生日以外，還記錄了「藝人生日（IG發文用）」。雖然這樣做感覺很像日本搞笑藝人林家夫妻檔（因記得眾多藝人生日而聞名），但爲了可以讓更多的人看到貼文，辛苦一點也是值得的。

揭曉！至今為止斬獲最多「讚」的明星書是哪一本？

在執筆此章節時，我的IG上讚數最多的明星書是出身搞笑二人組「南海甜心」的山里亮太那本隨筆集《山里亮太　放棄天才夢！》。那麼，請各位猜猜看，這本書的貼文是什麼時間發布的呢？

山里亮太的生日是 4 月14日，我則是在 5 月上旬讀了這本書，這就是那種最令人失落的時間點了。我實在等不及一年後才發文，可若在沒什麼特殊大事發生的平凡日子發布，可以想見這篇貼文一定會被埋沒，所以我把草稿寫完就先壓著不發。此時，天外飛來山里亮太與女演員蒼井優閃婚的重磅新聞！這眞的是會令人驚呼「就是它」的瞬間呢（笑）。

#放棄天才夢　#山里亮太　#朝日新聞出版　#諧星　#南海甜心　#蒼井優結婚　#真是驚呆了　#全球熱門話題排行榜冠軍　#全世界的小山　#搭檔小靜是牽線紅娘太棒了吧　#祝福兩位白頭偕老

我信心滿滿地在山里亮太與蒼井優宣布結婚的隔天早上發布這篇貼文，不到一個小時就得到300讚。我想一定是看到晨間新聞的人出門後，在通勤電車上滑手機，於最恰當的時機滑到這則有關新聞主角的消息，才會激動地對著他的著作資訊按讚吧。該則貼文讚數在當天中午時已達500，最後更是超過800讚。

#東京百景　#又吉直樹　#WANI BOOKS　#諧星　#搞笑團體「Peace」　#獲頒芥川獎前寫下的散文自傳　#在那個仍沒沒無聞的時期　#滿溢幽默感的動人文筆　#今天是6月2日　#又吉39歲生日快樂

在發布山里亮太那則貼文的4天前，也就是6月2日，這天是又吉直樹的生日。於是我發文談談他的散文集《東京百景》，此篇一共收穫了400讚，以明星書來說算是讚數很多的了。我當時還想著「又吉直樹果然很受歡迎」，竟然得到的讚數比芥川獎得獎作家的書還要多一倍！透過這次的事件，我切身體會到——原來眞的只需在「發文日期」下一點小工夫，就能讓更多人看見我的貼文。

發文談運動選手著作時的要點——情境❷

近期日本出了很多運動選手寫的書。這種書雖說也可以挑在選手「生日」的日期發布，但我比較常**在「比賽當天」早上發文**，一併帶著我的鼓勵與助威！

日本國家足球隊選手出的書數不勝數，多到讓人感慨「是不是幾乎所有主力球員都出過書了」的程度（尤其多半會在舉辦世界盃那年大量出版）。選手長友佑都也曾出版《日本男兒》（暫譯，原書名《日本男児》），我就是在2019亞洲盃足球賽的比賽當天發布這本書的閱讀紀錄。

#日本男兒　#長友佑都　#POPLAR PUBLISHING　#日本國家足球隊代表　#SAMURAI BLUE　#今晚是亞洲盃足球賽初戰　#對手土庫曼　#加油啊時隔8年再度奪下冠軍吧

當然，這種發文方式不僅限於足球，別的比賽項目也很適用。我曾在WBA世界拳王爭霸賽當天發布拳擊手村田諒太著作的貼文：

#101%的榮耀　#村田諒太　#幻冬舍　#倫敦奧運中量級拳擊金牌　#前WBA中量級世界拳王　#今晚再戰Rob Brant　#以牙還牙加倍奉還

體育競技是「一部沒有劇本的電視劇」，**比起在成效會被比賽結果左右的賽事隔天才發布，在比賽當天搶先發文更為實在**。而且知道「今天會有比賽」的提醒效果也會比事後才發現「原來昨天有比賽」更好。花心思注重「發文日期」，甚至能藉此達到間接「宣傳運動比賽」的作用。

連小說都要在「比賽當天」發文!?

順道一提，「比賽當天發文」的手法不只適合發表運動選手的書，小說也同樣適用。在日本，小說家一年有好幾場大型的比賽——沒錯，就是**芥川獎、直木獎和本屋大賞**。

【示例】

・芥川獎與直木獎＝2019年12月16日公布候選名單↓2020年1月15日評選得獎作品

・本屋大賞＝2020年1月21日公布提名名單↓2020年4月7日發表得獎者

無論哪一場文學獎，都是在敲定獲獎作品的幾個月前就先公布提名作品名單，所以在那之前就可以設定好閱讀目標，早早讀完，預先做好發文的準備。然後若有準確預測到得獎作品，就在得獎名單公布後立刻發文，並且加上「#恭喜獲頒某某獎　#始終堅信這本書會得獎」的主題標籤，這樣的貼文將帶來高關注度。

2019年本屋大賞得獎者是瀨尾麻衣子的《接棒家族》，這本書剛得獎那段期間，Instagram上滿滿都是以其書封（簡約深綠色背景和橘色接力棒）爲配圖的讀畢貼文，許多人都是在宣布該書獲獎後才買書來看。這時再發文也只會成爲眾多閱讀貼文的其中一則，被淹沒在資訊之海裡。

爲了要從眾多貼文中脫穎而出，就得在評選當天「結果公布後馬上」發文。小說愛好者請務必試著將小說文學獎視爲固定一年數次的「自我規劃行程」來安排。

發文談電影原著時的要點——情境❸

「正在讀的小說很快就要被翻拍成電影」，這種狀況很有可能發生，對吧？又或者是「在聽說要改編電影以後才去買原作來讀」也沒關係。總而言之，若在改編成電影前就先把原著小說讀完，就**在電影「上映首日」發布**這部小說的貼文。

例如由福山雅治和石田百合子主演的電影《日間演奏會散場時》，我就「瞄準」了2019年11月1日上映當天早上發文。

#日間演奏會散場時　#平野啓一郎　#每日新聞出版　#令人感傷的成年人愛情故事　#舞台是東京巴黎與紐約　#電影今天上映
#福山雅治　#石田百合子　#閱讀時想起了這兩人的身影

看到「#電影今天上映」這個主題標籤的人，一定會很好奇「這是什麼故事」和「由誰來演」吧。我就從這邊先下手為強，**在不劇透的前提下簡單地介紹劇情梗概，並加上了演員陣容的全名**。將大量資訊濃縮後整理成的貼文，會為讀者做出更大的貢獻。

可以的話，請各位再重新仔細瀏覽一遍前面提過的例子當參考。高橋南的年齡、指原莉乃畢業演唱會的舉辦場地、日本國家足球隊的比賽對手、村田諒太的拳擊賽對手全名……每一則都有寫出非常詳細的專有名詞，對吧？是不是感覺很貼心、很無微不至呢？

最近的電影通常會在星期五上映，所以**「電影原著」在「週五早上發文」是最佳時機**。透過刻意挑選的發文日期，甚至可以「替電影宣傳」。

這種技巧不太能用在電影早已下檔的原著小說上，不過口碑不錯的作品很有可能之後會在有線電視的電影台播放。若是這種情況，可以選擇該片在電影台播出的當天發文，爲收視率貢獻微薄力量。

#假面飯店　#東野圭吾　#集英社　#以東京柯迪希亞飯店為舞台的推理小說　#今天晚上9點在富士電視台播出　#木村拓哉
#長澤雅美　#還有明石家秋刀魚友情客串

我每個月都會讀《月刊 TV GUIDE》這本雜誌，查詢這個月電視台的電影播出節目表。木村拓哉和長澤雅美演出的電影《假面飯店》，我也是提前就知道它會於2020年1月3日在富士電視台播出，所以做好了充足準備，並在當天早上發文。即使在粉絲們眼中是一篇沒有多大深意的貼文，但實際上背後需要進行大量資訊的蒐集與細緻周到的籌備。

配合題目的「季節」或「時期」發文——情境❹

日本人夏天去KTV唱歌時，有時候會提議「今天約好都唱夏天的歌」，然後當天就只唱有夏季風味的曲子。比如南方之星的〈眞夏的果實〉、柚子〈夏色〉等歌名有關鍵字「夏」的歌曲，唱這種歌能感受到夏日的氣息，這是出生在四季分明的日本才有的特權。建議各位可以把這點應用在閱讀上，配合季節發布一些書名有「季節感」的作品。

舉例來說，歌野晶午《櫻樹抽芽時，想你》這本書，我就是看準了在櫻花盡落，櫻樹稍微長出新芽之際發文。

> #櫻樹抽芽時想你　#歌野晶午　#文藝春秋　#小說劇情大反轉
> #完美地被騙慘了　#人類的先入為主好恐怖　#當前正是櫻樹抽
> 芽時請務必讀一讀

書名包含「季節性節慶活動」的作品，也很適合搭配節慶時間發文。乙一《槍與巧克力》的閱讀紀錄貼文，我是在 2 月14日情人節當天發布的。

#槍與巧克力　#乙一　#講談社　#大人小孩都能樂在其中的推理小說　#登場角色以巧克力命名　#屬於兒童文學很好讀懂　#今天是2月14日　#精心準備的情人節貼文

另外還有一個已經沒辦法再用第二次的哏，那就是社會學家古市憲壽的《永別了，平成》（暫譯，原書名《平成くん、さようなら》）。我是在2019年4月30日，也就是平成年號的最後一天發布閱讀紀錄。當時人們都沉浸在「平成終於要結束了……」的感傷情懷，所以我覺得這本書的書名正符合當下氣氛。

#永別了平成　#古市憲壽　#文藝春秋　#社會學家　#主題是

安樂死　#平成是主角的名字　#平成最後一篇發文就決定是這本書了　#明天開始請多指教了令和

在相應的季節，任何人都會對「#櫻樹抽芽」、「#巧克力」、「#平成」這些關鍵字豎起天線，因此人們在看見這類因時制宜的貼文時，便很容易被打動，恍然大悟地想起：「這不正是現在嗎！」

在完美襯托「書封設計」的日子發文——情境❺

有時候也可以根據書本的「封面設計」來思索適合的發文日期。Instagram很適合採取這種策略，畢竟它的特色就是「用照片傳達資訊」。

比如高野照子的旅遊散文《在恆河裡游蝶泳》（暫譯，原書名《ガンジス河で

バタフライ》），於2007年改編爲由長澤亞美主演的電視劇。原著的封面選用了一張作者本人在恆河裡以蝶式游泳的照片（竟恰恰符合標題！）。

一本「封面有人在游泳」的書最適合的發文日期，肯定是日本特有的節日——「海之日」，也就是七月的第三個星期一。

#在恆河裡游蝶泳　#高野照子　#幻冬舍　#爆笑旅遊散文
#女大學生的海外獨遊　#今天是海之日　#來去海邊游蝶泳吧

看到這篇貼文的粉絲並未有人留言告知：「我眞的去海邊游了蝶泳！」雖然這讓我覺得有些可惜，但只要大家能感受到我「特地爲海之日發文」的「玩心」，我就很滿足了。

再舉一個例子，小林正典是江崎固力果巧克力公司的行銷部門經理，他的著作名爲《想做出成績，就要把身邊的人拖下水》（暫譯，原書名《結果を出すのに必要なまわりを巻き込む技術》）。若只看書名和作者的經歷，可能會判定這是一本極爲平凡的商管書，不過——該書封面用的圖片是知名零食「Pocky巧克力棒的外包裝」。

「有Pocky當封面」的書最適合發文介紹的日期，自然就是11月11日的「Pocky日」了。

#想做出成績就要把身邊的人拖下水　#小林正典　#POPLAR PUBLISHING　#江崎固力果巧克力公司行銷部門經理　#今天是11月11日　#Pocky日　#滿心期待的發文時機

在日期包含5個數字1的令和1年（2019年）11月11日當天，「Pocky日」成爲了熱門關鍵字，我就是在這個值得慶祝的日子發布這篇閱讀紀錄。雖然沒有粉絲跑來跟我說他因此買了Pocky巧克力棒來吃，無法爲固力果的零食營業額做出貢獻，但人們若是能感受到這篇貼文中的「玩心」，我也就心滿意足了。

在完美貼近「書籍內容」的日子發文——情境❻

介紹完利用「書名」、「封面」發文的技巧，最後還有一項，那就是從書籍的「內容」本身挑選適合的發文日期。

2003年上映後在全球一炮而紅的電影《愛是您．愛是我》，是一部以聖誕節爲題材的浪漫喜劇，劇情有笑有淚，相信不少人都還有印象。以這部電影爲本的改編小說，最適合的發文日期正是12月24日聖誕夜。

#愛是您愛是我　#李察寇蒂斯　#竹書房　#以聖誕節為題材的暖心愛情喜劇　#今天是12月24日　#一起度過美好的聖誕夜吧

我還在貼文裡介紹了好幾句「完美切合聖誕夜的台詞」。語言是相當講究表達時機的東西，正因是在12月24日讀到這篇貼文，才會那麼有眞實感，那麼觸動粉絲的心弦。

在發出這篇貼文8天後，也就是1月1日元旦，我選擇發布北川達也的書《神社參拜入門：用對方式許願，90％的願望都能成眞》（暫譯，原書名《祈り方が9割 願いが叶う神社参り入門》）。由於這本書詳細解說了參拜神社的禮儀，像是「通過鳥居的步驟」、「淨手的方法」、「香油錢怎麼投」等等，因此只要摘錄重點寫在貼文中，這篇貼文就會成爲人們新年參拜神社時的參考。

#神社參拜入門　#北川達也　#COBOL　#神道家　#神社參拜禮儀　#實現願望的參拜法　#2020年元旦　#希望會對之後新年參拜神社的人有幫助　#今年也請多多關照

從一年的365天裡，爲自己讀完的書選一個最契合的日期發文。前面列舉的6種情境及其範例，各位看到以後可能會覺得都是「一講出來就懂」的簡單道理，然而像這類「稍加思考便能了悟」的小訣竅，若想從無到有憑空想出來也是相當不容易。雖然只不過是閱讀紀錄，但也不容小覷。一旦深入探究其中的奧妙，就會發現這裡頭另有玄機。

閱讀時是「一人剪報公司」，閱讀後是「一人行銷公司」

在食物掉到地上時，只要在3秒以內撿起來吃掉就沒問題——這世上有這麼一條「3秒規則」。雖說不管是掉了什麼東西都最好立刻撿起來，但**讀完的書就沒有必要立刻為它發文了**。只要寫完草稿，之後就能暫時放在一邊不管，發文的順序也可以自由調換。

事實上，我從來不曾按照書讀完的先後順序發布閱讀紀錄，不過只要我不說，就沒有人會注意到這一點，也不會產生任何問題。反正這些紀錄隨時都能發布，那還不如盡量搭配「特定季節」或「特定日期」選擇要發布哪一篇。

各位不覺得，這樣的做法就跟「行銷」一模一樣嗎？

日本健康雜誌《Tarzan》每年2月（東京馬拉松大賽前）都必定會推出一期「跑步特輯」，每到夏天則一定會策劃「瘦小腹特輯」。「對跑步興趣濃厚的時期」、「穿上輕薄衣服而開始在意身材的時期」，編輯團隊分別瞄準了世人在不同時期關注的主題，並提供相應的內容。

但要是情況恰恰相反呢？在2月最冷的時節看到「來瘦小腹吧」，難道不會覺得「反正又不會穿露肚裝，無所謂吧」？在夏天最熱的時期宣導「來跑步吧」，大概也不會有人願意到室外跑步。明明特刊的內容本身不差，卻會**因為刊登的時機不對而無法打動人心**。

我曾在第2章提到，「閱讀就像是一種『單人剪報』」。把「我一人公司」要的資訊提煉成關鍵字並牢記於心，然後支付購書費，以全靠自己蒐集資訊的心態來閱讀。如果說在閱讀當下做的是「一人剪報公司」，那麼讀完以後便要專心當「一人行銷公司」。

AKB團體中最受歡迎的偶像往往會同時兼任好幾個團體的團員。同樣地，從今天開始，你也要兼任「調查組」跟「行銷組」的職位。**看準適合的時機發文，才能把從書中蒐集的資訊傳達給更多的人**。請務必以類似「我一人公司」這樣的形式挑戰看看。

後記

「今後的人生取決於遇到多少人，閱讀多少書，展開多少次旅行。」

我剛出社會的時候偶然看見這句話，當年的我幹勁十足地想著：「我要在這3件事上做好平衡！」然而與很多人相遇是件麻煩事，休假時出外旅行也很花錢。所以我只能在最後剩下的「多閱讀」加倍努力，這是我唯一可以不必勉強自己就能堅持做下去的事。我最喜歡一個人安安靜靜地閱讀，即使到了現在，若生活沒有這樣的時光，我的心靈也會失去平靜。

比方說，有一個人的「愛好是訓練腹肌」。他非常喜歡他的腹肌，每天都興致勃勃地鍛鍊，不知不覺練出了像足球選手C羅那樣輪廓分明的六塊腹肌。而後他可能會有這樣的想法：「我想把我的腹肌展示給別人看。」

我會閱讀本來也只是因爲我喜歡做這件事，不過在腦海中累積大量詞彙後，「我也想要寫文章」、「想要寫出能給別人看的文章」，這樣的念頭不禁在心中迴盪。好想出版一本書——這是我在 5 年前左右萌生的想法。

本書是我的「自薦企劃」。我自己寫了一份企劃書，附上一封信，寄給大概20家的出版社，結果……我找工作的時候收到很多通知不錄取的「感謝函」，可大部分的出版社連這種謝謝再聯絡的信都沒有回覆給我，也就是所謂的「閉門羹」。我想他們一定是直接把信扔進了垃圾桶，連從信封裡拿出來看一眼都沒有吧。

由於缺乏社會知名度與實績，所以很多出版社都把我當路邊的石頭一樣踢來踢去、踩來踩去，只有 FOREST 出版社認爲「即使現在只是一顆小石頭，但經過打磨後說不定會變成鑽石」，並爲我身上的潛力賭了一把。在出版業如此蕭條的年代，還能相信這樣毫無根據的事物，真的是相當不容易……我只能萬分感謝他們願意給我這個機會。

讓某人閱讀我自己寫下的書，若一本書用兩個小時讀完，那就代表「我的書剝奪了這個人人生中寶貴的兩小時」。

兩小時可以看一場電影，以每公里 6 分鐘的速度跑完20公里，還可以把廣播節目《All Night NIPPON》從頭聽到尾。

這個世界明明有五花八門的娛樂，也有很多知名的作家，但卻有讀者願意特地拿起這本新人作家的書來讀，我認爲自己有義務向這樣的讀者提供「能讓這兩小時有價值的內容」。

讀到這裡，可能各位會覺得書裡「經常出現運動員和藝人的名字」。這是因爲從我進入這家剪報公司工作至今一直都負責調查體育新聞，每天都會接觸到「體育界」和「演藝圈」的資訊。

也許引用「歷史偉人名言」或「海外研究成果」更能爲這本書貼金，但對我來說那顯然太打腫臉充胖子，只是單純把這些「借來的話語」排列在一起而已。我感覺那種內疚的情緒一定會從字裡行間流露出來。與其這樣，還不如談論我自己熟悉的領域，這樣才能寫出「有血有肉的文章」。

因此，本書之中隨處可見的引用案例與文句，都是從我工作時閱讀的報章雜誌、私下讀的書、看過的電視電影裡頭踏踏實實、一點一滴蒐集而來的。我把自己多年來存在素材筆記本上的「積蓄」一口氣拿了出來，甚至覺得我這第一本書已經是我的「最佳專輯」了。

我不曾找專業寫手代寫，整本書都是自己一字一句寫出來的，所以對自己的文筆有點不安，但要是我寫的內容可以在你心裡留下一點痕跡，那眞的沒有什麼事更能讓我欣喜了。

未來我還是會繼續在 Instagram 上發布閱讀資訊，如果各位有興趣，還請追蹤我的帳號「無名讀書家（@no_name_booklover）」。已經追蹤我的朋友，今後也請多多指教。非常感謝你能讀到最後。

村上悠子

國家圖書館出版品預行編目（CIP）資料

關鍵字閱讀術/村上悠子（Yuko Murakami）作；劉宸瑀譯. -- 初版.
-- 臺中市：晨星出版有限公司, 2024.10
248面；14.8×21公分. -- (Guide book；385)
ISBN 978-626-320-933-6（平裝）
1.CST: 讀書法 2.CST: 閱讀指導 3.CST: 關鍵詞
019.1 113012344

Guide Book 385

關鍵字閱讀術

情報吸収力を高めるキーワード読書術

作者 村上悠子（Yuko Murakami）
譯者 劉宸瑀
編輯 余順琪
特約編輯 鄒易儒
封面設計 耶麗米工作室
美術編輯 陳佩幸

創辦人 陳銘民
發行所 晨星出版有限公司
407台中市西屯區工業30路1號1樓
TEL：04-23595820 FAX：04-23550581
E-mail：service-taipei@morningstar.com.tw
http://star.morningstar.com.tw
行政院新聞局局版台業字第2500號
法律顧問 陳思成律師
初版 西元2024年10月01日

讀者服務專線 TEL：02-23672044／04-23595819#212
讀者傳真專線 FAX：02-23635741／04-23595493
讀者專用信箱 service@morningstar.com.tw
網路書店 http://www.morningstar.com.tw
郵政畫撥 15060393（知己圖書股份有限公司）

印刷 上好印刷股份有限公司

定價 350 元
（如書籍有缺頁或破損，請寄回更換）
ISBN：978-626-320-933-6